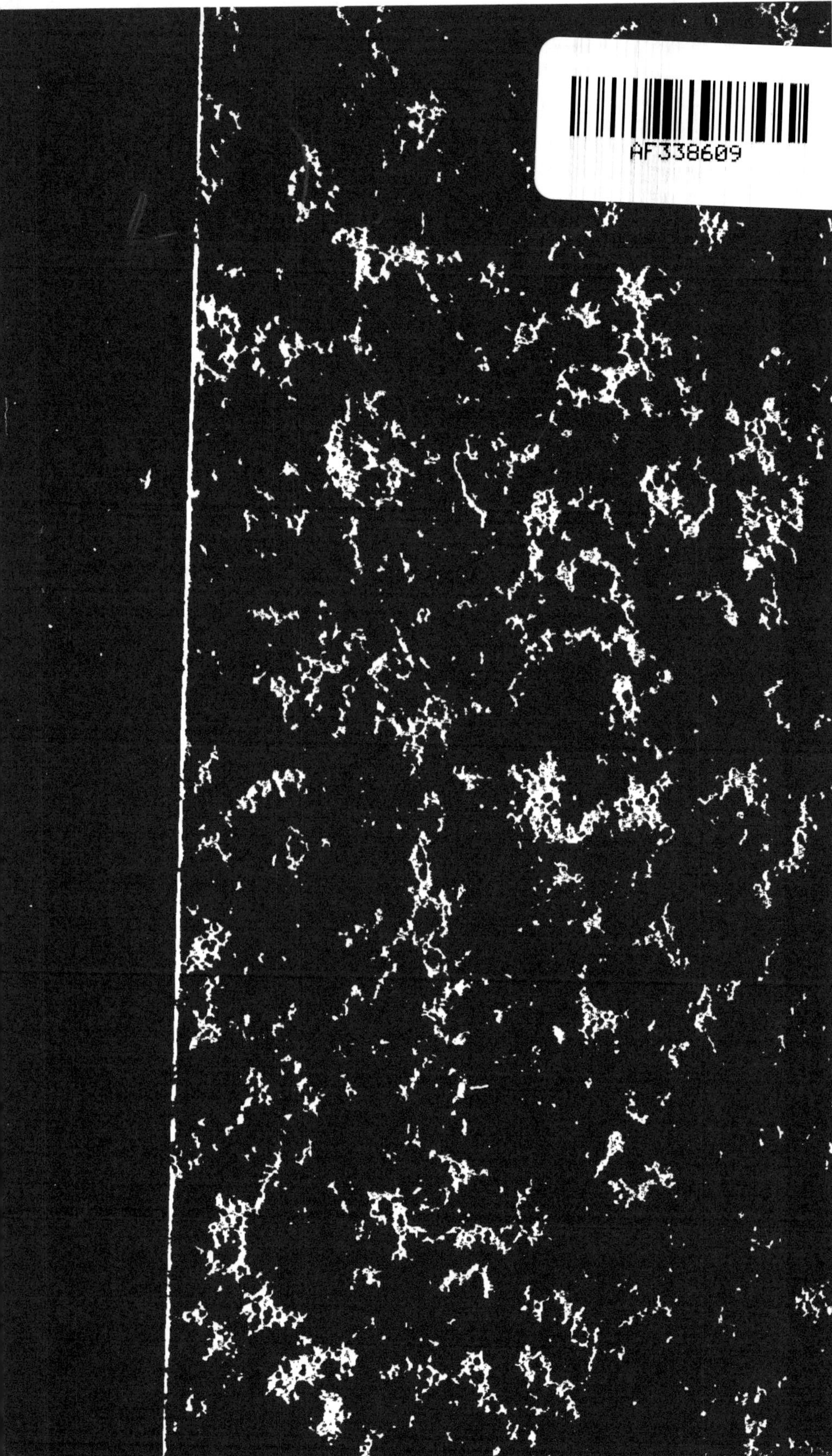

PAUL ANTONINI

Les Chinois
peints
par
un Français

PARIS

PAUL OLLENDORFF, ÉDITEUR
28bis, RUE DE RICHELIEU, 28bis

1886

Les Chinois

peints

par un Français

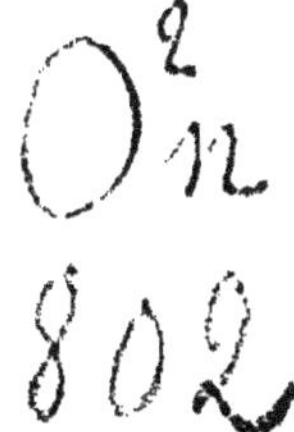

PAUL ANTONINI

Les Chinois

peints

par

un Français

PARIS

PAUL OLLENDORFF, ÉDITEUR

28 BIS, RUE DE RICHELIEU, 28 BIS

1886

Tous droits réservés.

AVANT-PROPOS

Se livrer à une étude consciencieuse des mœurs
d'un peuple; apprendre la langue de ce peuple
pour mieux connaître ses institutions; s'efforcer
ensuite d'exposer *sincèrement* ce que l'on a vu,
entendu ou appris; — parler quelque peu d'histoire et de religion, dire aussi exactement que
possible ce que l'homme pense, comment il vit,
à l'autre extrémité du vieux monde... n'est-ce pas
folie aujourd'hui? Ne sommes-nous pas, pour la
plupart, comme de grands enfants peu sou-
cieux d'être instruits, pourvu qu'on nous amuse,
aimant les *histoires* plus que l'histoire?

Que le lecteur nous pardonne de préférer la
vérité aux fictions, et qu'il nous permette de l'entretenir des Chinois et de la Chine.

Un voyage en Chine n'est déjà plus « un voyage
à la lune »; le Chinois prend en Europe les proportions d'un être raisonnable. On n'admet pas encore
qu'il puisse jamais devenir parfait... à l'instar des
hommes d'Occident, mais on concède que peut-

être il atteindra un degré assez honorable dans l'échelle du bien: il est candidat à une manière de *civilisation restreinte.*

Voilà certes un grand encouragement et qui stimulera l'ardeur des Chinois!

Cependant la Chine— qui ne s'appelle pas Chine, — pourrait répondre qu'à une époque où l'Europe était à peine peuplée par des tribus à demi sauvages, elle-même jouissait déjà d'une très réelle civilisation.

Ce furent les Portugais et les Espagnols qui, les premiers, nommèrent *China* « l'Empire du Milieu » *Tchong-Koué,* le « royaume des Fleurs » *Hoa-Koué,* le pays *qui est sous le ciel* et *la fleur du milieu.* Dès avant l'ère chrétienne, les Romains avaient eu des relations, à peine ébauchées d'ailleurs, avec les habitants de cet Empire. Depuis tant de siècles, que n'a-t-on pas écrit sur la religion, les mœurs, les industries de la Chine! Aux premières années du xvi⁰ siècle, le Vénitien Marco Polo raconta son séjour chez ce peuple « barbare et anthropophage, qui boit dans le crâne de ses ennemis, qui mange ses chiens et dont les poules sont habillées de poils au lieu de plumes ». Le récit de Marco Polo eut tout le mérite d'une révélation, car l'Europe n'avait encore aucune

---

1. Ces poules de Chine dont Marco Polo voulut faire des lapins ou des chats à deux pattes, sont des casoars que l'on trouve surtout dans le Kouang-si. Quant aux véritables poules, elles sont fort belles et très bien emplumées.

donnée sérieuse sur la Chine. Cependant comme l'illustre voyageur avait été le premier à voir tant de merveilles, comme il avait eu tout à découvrir, tout à étudier, son travail contenait des erreurs, des inexactitudes, des confusions, inévitables sans doute, mais qui discréditèrent les Chinois.

Des missionnaires chrétiens et de nombreux explorateurs sont allés sur cette terre lointaine: beaucoup furent victimes d'une haine toute sauvage contre l'étranger; plusieurs, avant que de mourir, ont souffert d'indicibles tortures.

De telle sorte qu'en Europe, particulièrement en France, il est de foi que les Chinois sont des *barbares*. Ajoutons que sans accorder une signification absolument identique à ce terme, les Fils du Ciel l'appliquent aussi aux Européens. A leurs yeux, nous sommes privés de tous les avantages de la civilisation telle qu'ils la conçoivent ; nous n'avons ni l'aménité de mœurs, ni le culte du Passé, ni la déférence pour la vieillesse, ni l'esprit de soumission sans lesquels, pensent-ils, une société n'est pas viable. Nous sommes des barbares.

Sans doute, à ne prendre que le fait brutal du martyre infligé à tant de malheureux Européens, la mauvaise renommée des Chinois se trouve bien justifiée. Mais, s'il était possible à l'homme d'examiner sans passion les actes de son prochain, puis d'écouter dans le recueillement la voix de sa conscience; s'il consentait à prononcer contre soi-même la condamnation des faits que lui reproche cette voix intime; en un mot, si l'on pouvait obtenir d'un homme justice contre lui-même, les accusations portées contre les Chinois deviendraient à coup sûr moins sévères.

Hâtons-nous de le dire: nous ne prétendons pas qu'un soigneux examen de leurs erreurs puisse en atténuer la gravité. Seulement, parmi ces erreurs, il en est dont l'Europe même a été témoin ; parmi ces fautes, il en est dont les peuples d'Occident se sont rendus coupables. L'expérience quotidienne apprend que la majorité des hommes a ses heures d'égarement individuel; l'histoire enseigne que les nations ont eu aussi leurs jours de folie : folie furieuse, folie sanglante qui ternit à jamais l'honneur des peuples et, si elle n'était éphémère, les conduirait à une ruine certaine.

Ces maladies sociales sont de cruelles épreuves permises par la Providence, dont les desseins sont impénétrables; elles sont aussi de terribles leçons que Dieu inflige au monde et qui, à défaut d'autre enseignement, devraient engager l'homme à se montrer indulgent pour ses semblables comme pour lui-même, ou sévère pour lui-même comme pour ses semblables!

Ce que nous venons de dire contient un aveu: nous plaidons pour les Chinois.

Nous ne cherchons pas à atténuer leurs fautes; mais nous estimons qu'on les accuse sans les bien connaître. De là viennent deux erreurs : la première est que l'on en dit beaucoup plus de mal qu'il n'est juste d'en dire; la seconde, que l'on passe sous silence leurs qualités et le côté louable de leur caractère.

Cette *mode* d'appeler la Chine un pays barbare au lieu de le dénommer plus justement un pays inconnu, a été combattue par des esprits sérieux. Voltaire voulut réagir contre cette mode; sur quelques points, il se rencontra avec la vérité, sur d'autres, il dépassa le but. C'est que Voltaire obéissait bien moins à une conviction réelle, née d'études attentives, qu'à cet esprit d'opposition systématique dont il fit preuve en maintes circonstances. Il adopta l'avis des missionnaires par la seule raison que cet avis était contraire aux idées généralement en faveur.

Les travaux du P. Gaubil et ceux du P. Amiot eurent une portée autrement considérable que la fantaisie de Voltaire, car il forcèrent l'admiration du monde savant pour des institutions dont on savait à peine l'existence, ils révélèrent de grands mérites chez des hommes auxquels on n'attribuait généralement que des défauts.

Il y a peu d'années, Abel de Rémusat, Stanislas Julien, Pauthier firent mieux connaître encore les chefs-d'œuvre littéraires et philosophiques de la Chine. Enfin de nos jours, Le R. P. Zottoli et le R. P. Perny ont expliqué le mécanisme de la langue chinoise. Ces deux derniers, appartenant l'un à la Société de Jésus, l'autre aux Missions étrangères, ont plus que tous autres, par de remarquables travaux, facilité l'étude des textes chinois.

Nous avons été frappé d'un fait : les plus ardents défenseurs des Chinois sont les missionnaires chrétiens, c'est-à-dire ceux des Européens qui ont le plus souffert en Chine. Ce fait devrait à lui seul guider l'opinion publique dans sa recherche de la vérité.

Pour faibles que soient nos efforts, nous les joindrons à ceux que des hommes éclairés consacrent à la réhabilitation des Chinois.

Nous exposerons d'où viennent les habitants du Céleste Empire, ce qu'ils sont, quel est leur mode d'existence, comment ils se comportent chez eux et au dehors, à la maison et à la ville, au foyer domestique et au tribunal.. ; nous les peindrons en robe de chambre et en habits de cérémonie.

Dans cet examen, nous n'aurons pas toujours à louer — non pas que « louer toujours soit banal » comme l'a dit un courtois mandarin, — mais parce que la perfection n'est point le fait de l'homme. L'hommage que nous rendons aux solides vertus des Chinois sera une preuve que nous apprécions leur génie et que nous respectons certaines de leurs idées.

Sans tarder plus longtemps, nous allons donc entrer en Chine. Nous savons que ce royaume des jardins fournit à qui sait la faire une ample moisson de fleurs. Si nous manquons d'habilité pour en lier une forte gerbe, nous espérons du moins que, poursuivant nos recherches, nos lecteurs pourront en cueillir un bon nombre: fleurs de l'esprit, fleurs du cœur, fleurs écloses depuis des siècles et cependant toujours brillantes parce que, comme deux génies tutélaires, deux vertus ont jusqu'ici préservé la Nation chinoise du souffle des tempêtes qui a renversé tant et de si grands empires, tant et de si grandes institutions.

Ces deux vertus sont l'Obéissance et la Piété filiale.

LES CHINOIS
PEINTS PAR UN FRANÇAIS

HISTOIRE ET POLITIQUE

CHAPITRE PREMIER

LES ORIGINES DU PEUPLE CHINOIS. — LES TARTARES. HISTOIRE DE LA *Natte*.

D'où viennent les Chinois? Par suite de quels événements et depuis quelle époque occupent-ils le vaste territoire qu'ils couvrent maintenant tout entier?

Problèmes difficiles à résoudre et qui déjà, au cours des siècles, ont reçu des solutions très diverses.

Les Chinois, principaux intéressés dans ces questions, nous éclaireraient mieux que tous autres s'ils liaient moins la fable à l'histoire.

Antérieurement à la colonisation de la Chine

par les Chinois, une tribu importante — presque un peuple — était en possession de la partie méridionale de l'Empire actuel. Les nouveaux arrivants eurent à combattre cette tribu qui, malgré une lutte ardente sans cesse renouvelée, s'est développée tout en gardant ses mœurs, ses coutumes et même son indépendance. Elle est connue sous le nom de Tribu des Miao-tsé, c'est-à-dire des Barbares, des hommes sauvages. Les Chinois reconnaissent l'antériorité des Miao-tse, et se sont à peu près désintéressés de la question de leur propre origine parce qu'elle n'a pas d'utilité pratique. C'est à un rameau de l'unique et primitive famille humaine qu'appartiennent les ancêtres des Chinois. Mais quel est ce rameau?

Au siècle dernier M. Jones, président de la Société asiatique, assura que les Hindous, les Chinois et les Japonais appartiennent à un même groupe. La Chine aurait été peuplée par une colonie hindoue appartenant à la caste militaire, caste des Kchatryas. Une opinion contraire avait été proposée par de Pauw: il croyait les Chinois issus des Arabes. De Guignes prétendit qu'ils descendaient des Égyptiens.

Les recherches continuèrent en Europe, surtout en Allemagne et en Angleterre où l'on admet généralement que la Chine fut peuplée par des colonies venues de la Chaldée, de la Mésopotamie. L'histoire du peuple chinois, ce « peuple des Cent Familles » et le caractère même de son gouvernement, ne permettent pas de douter que les émigrants aient été des *pasteurs*. La famille pastorale existe encore dans le Thibet où la fortune est en troupeaux; les transactions entre Thibétains se font au moyen d'échanges. Les Miao-tsé qui se trouvent cantonnés dans les provinces méridionales du Koûy-tcheou, du Yûn-nàn et du Kouàng-sy, sont aussi des pasteurs. Leur nombre peut être évalué à 18 *millions*; ils sont divisés en 82 tribus ayant chacune leur nom et leur chef; ils ne se servent pas de monnaies, ne reconnaissent pas l'autorité de l'Empereur et ne payent point d'impôts.

A quelle époque la colonie de pasteurs, qui devait produire le peuple chinois, émigra-t-elle de l'Asie centrale? Cette question nous fait entrer dans le domaine du merveilleux.

Il est toujours assez difficile de dégager parfaitement un fait réel des simples enfantements de l'imagination; et parfois ce fait réel, lorsqu'il est mis en lumière, se présente sous un aspect si étrange, si nouveau. qu'il s'accrédite avec peine.

Les mythologistes chinois donnent volontiers des millions d'années à leur race; il semble résulter de calculs astronomiques très sérieux que l'origine de la société chinoise remonte réellement à *dix-neuf mille ans*. Schlegel croit à cette haute antiquité. Mais en tenant cette date pour vraie on ne touche pas à la période historique! Le plus ancien empereur au sujet duquel on trouve des légendes reposant sur quelques faits sérieux est *Fou-hy-ché*; il avait régné 2852 ans avant l'ère chrétienne et pendant 115 ans; — *Chén-long* et *Houâng-ty* lui succédèrent. Ce dernier fut un prince illustre entre tous, régna 100 ans et mourut en 2597. Quatre empereurs le séparent de *Ty-Yâo* dont l'avènement eut lieu en 2357 et sous lequel se produisit en Chine une terrible inondation connue sous le nom du *déluge de Yâo*. Le P. Gaubil estimait que l'histoire vraie de la Chine et la civilisation chinoise remontent à une époque antérieure à Yâo, mais il n'en précisait pas la date. Quant à la contradiction que cette haute antiquité semble offrir avec la chronologie biblique, elle n'est qu'apparente. Il n'existe en effet aucune donnée certaine sur la manière dont on doit calculer les périodes et les dates indiquées dans la Genèse.

Après avoir tout d'abord considéré l'inondation de Yâo comme identique au déluge de Noé, les savants estiment aujourd'hui qu'elle fut seulement le résultat d'un débordement considérable du fleuve Jaune. Ce débordement — disent les historiens chinois — fut combattu pendant sept années, après quoi le fleuve rentra dans son lit. L'inondation causa de grands désastres; un grand nombre d'hommes périrent. Mais les recherches géologiques faites en Chine et les calculs très sérieux des anciens astronomes chinois portent à croire que le déluge de Noé n'atteignit pas l'extrème Orient.

On s'est élevé au nom de la religion chrétienne contre cet avis que partagent cependant des prètres fort éclairés. N'étant ni géologue ni astronome, nous déclinons toute responsabilité sur ce point fort obscur de l'histoire. Nous avouons toutefois qu'à nos yeux la religion chrétienne, la foi catholique, doit demeurer étrangère à ce débat. L'*universalité* du déluge peut être, sans hérésie, restreinte à l'universalité des parties du monde connues des Hébreux au temps de Moïse: le cataclysme s'est étendu sur d'autres contrées ignorées d'Israël, il peut ne pas les avoir toutes atteintes. Si l'on réfléchit que les peuples de l'extrême Orient se trouvaient éloignés des Hébreux, étrangers à leurs croyances comme à leurs doutes et à leurs fautes, on conviendra que Dieu a pu étendre sa miséricorde à des hommes sinon innocents, du moins dignes de pardon et très imparfaitement instruits de la loi divine. Ajoutons encore que la diversité remarquable existant entre les Chinois et tous les autres hommes est une preuve de leur haute antiquité.

Le peuple chinois ne peut se comparer à aucun autre; il est *lui*, comme dirait Montaigne, et se contente de bien remplir son personnage, de rester *lui* sans chercher, à se faire *autre*. Les points de contact qu'il peut avoir avec les Égyptiens et les Chaldéens prouvent seulement leur communauté d'origine.

Après avoir parlé des Miao-tsé et des Chinois proprement dits, nous devons arrêter quelques instants notre attention sur un troisième élément de la grande nation qui nous occupe, l'élément Tartare.

Vers l'an 250 (avant l'ère chrétienne) les Chinois se lassèrent d'avoir sans cesse à repousser au delà de la frontière nord les Tartares, leurs voisins.

Le défaut capital de ces voisins était une propension fort grande à s'attribuer le bien d'autrui.

Leurs incursions, étant quotidiennes, devenaient onéreuses et difficiles à réprimer; en outre, comme parfois elles prenaient le caractère d'expéditions à main armée, les Chinois conçurent des craintes sérieuses pour leur indépendance. On résolut donc d'opposer aux Tartares une barrière matérielle, une sorte de rempart qui protégerait la frontière. Construire un mur, élever à certains intervalles des tourelles pour abriter les défenseurs... cela paraît un travail facile. Mais la ligne menacée ayant *huit cents lieues* de longueur, on conviendra que le mur projeté cessait d'être une œuvre ordinaire.

Tout autre qu'un Chinois eût considéré comme un signe de folie le seul fait de penser l'accomplir... Mais le Chinois se trouve dans l'humanité comme un type à part : il montre dans toutes ses actions un grand esprit de suite, une ténacité si constante qu'elle explique l'exécution des entreprises les plus longues, les plus ingrates, les plus contraires à l'ordre général des choses.

Vers le temps où les Tartares causaient tant d'inquiétude, Ché-houâng-ty, homme du plus grand mérite, devint empereur de Chine. C'était en 246. Environ dix ans plus tard le *mur* était achevé — long de 800 lieues, large autant qu'il était nécessaire pour que 14 personnes marchassent de front sur son couronnement. Telle fut l'origine de la *grande muraille* qui tenait encloso de trois côtés la Mongolie actuelle et qui arrêta l'essor des Tartares pendant près de douze siècles.

Les Arabes ont coutume de dire: « Ce qui est écrit, est écrit » — c'est-à-dire que l'homme ne peut triompher de Dieu. Les Chinois ont fait l'expérience de cette maxime: « il était écrit » que les Tartares règneraient en Chine; la Providence avait même décidé que ce pays leur serait ouvert par ses habitants naguère si empressés à les combattre!

Ce fait surprenant s'accomplit en 1642.

Depuis l'empereur Houy-tsong, qui voulut en 1118 réprimer les nouvelles incursions des Tartares et qui, vaincu par eux, trouva la mort dans le désert de Cha-mo, depuis Hoûy-tsông, presque tous les souverains qui se succédèrent eurent à lutter contre ces ennemis infatigables. Acceptent-ils la paix, jurent-ils d'en respecter les clauses? ils attendent que la vigilance des Chinois se ralentisse et tout aussitôt envahissent l'empire. Un jour ils font l'empereur prisonnier, ils se saisissent de lui dans sa capitale même, qui était alors dans le Ho-nân. Ce prince, Kon-tseng, fut le dernier représentant des Song du Nord. Une autre expédition les rend maîtres de cinq provinces et de la flotte chinoise. C'était en 1280. La position du prince Ty-pin était désespérée : il se précipita dans les flots, non loin de Canton, en compagnie de l'impératrice et de toute leur suite.

Contre l'attente générale, les Tartares ne surent pas à ce moment profiter de si grands avantages. La dynastie des *Yuen* et celle des *Min* ramenèrent le calme dans ce grand État si justement alarmé; la paix paraissait si bien établie, que les Tartares étaient reçus en Chine comme les fidèles vassaux de l'empereur auquel ils avaient prêté foi et hommage.

Tout à coup une nouvelle surprenante vient troubler la quiétude du chef de l'Empire, Siuèn-tsong : au mépris des traités, les Tartares s'avancent en bandes armées. C'était vers 1425. A partir de cette époque, la lutte est incessante. Tantôt vainqueurs, tantôt vaincus, les Chinois combattent presque sans trêve pour leur indépendance. Irrités contre des voisins si turbulents, ils profitent de leurs succès éphémères pour infliger mille vexations aux Tartares. Le chef de ceux-ci, animé d'une sourde colère, demande aide et assistance à ses *aïeux*, leur promettant, cadeau vraiment royal, *deux cent mille têtes de Chinois*, s'il réussit dans ses projets.

Puis aussitôt, à la tête d'une armée considérable, il envahit la Chine par le Léao-tong, marche sur Pékin, s'en empare et se fait proclamer empereur sous le nom de Tien-Min. Il meurt en 1627.

On ne pouvait encore prévoir le résultat final de l'entreprise si hardie des Tartares. La lutte continuait moins ardente, et le général Oû-san-Kouy soutenait une défense courageuse autant qu'habile.

Mais on comptait sans les ancêtres de Tien-Min, sans Tien-Min lui-même qui les avait rejoints! Au moment où la lutte suprême allait s'engager, des bandes de malfaiteurs se montrent dans les provinces voisines du siège de l'empire. Ces malfaiteurs excitent le peuple qui, énervé par les exactions de certains mandarins, prête la main à la révolte. La trahison du général Yuèn favorise les rebelles; ils s'emparent de Pékin et l'empereur se tue dans le parc du Palais. Oû-sàn-koûy, désespérant de triompher à lui seul des révoltés, *propose aux Tartares*, ses ennemis hier, de faire alliance avec lui. Ils acceptent aussitôt; mais leur chef étant mort, ils proclament le fils de ce chef empereur de la Chine (1644).

Le rêve de Tien-Min était accompli et la dynastie tartare des Ta-Tsin, c'est-à-dire de la *grande clarté*, a su jusqu'à ce jour conserver le pouvoir. Elle a été illustrée par des princes d'une grande valeur.

Aussitôt qu'ils furent maîtres de l'empire, les Tartares montrèrent qu'ils étaient hommes politiques autant que guerriers. Le système de colonisation qui autrefois avait rendu Rome si puissante fut celui qu'adoptèrent les nouveaux souverains de la Chine. Au lieu de songer à modifier les coutumes des Chinois, ils les adoptèrent toutes. Ils eurent le même respect du passé, la même piété pour les ancêtres, la même vénération pour Confucius, les mêmes rites pour les grandes cérémonies ; les Chinois conservèrent leur habillement. Rien ne fut donc changé pour eux, rien... sauf le mode d'arrangement de leur chevelure : ils portaient les cheveux un peu longs attachés en arrière ; ils furent invités à les raser, sauf au sommet de la tête où devait croître une longue natte. Cet ordre émanait de Tien-Min.

Qui le croirait ? une terrible révolution faillit en résulter.

Les cheveux coupés ras furent longtemps considérés en plusieurs pays comme un signe de dépendance, de servitude ou du moins de déchéance, c'est une sorte *d'amoindrissement* dans la position sociale. En France on rasait les rois détrônés.

Lors donc que l'ordre formel de Tien-Min exigea que toutes les têtes fussent arrangées à la mode tartare, il parut aux Chinois qu'on imposait sur leur crâne le sceau de la servitude. Désormais tout miroir, tout lac, toute rivière, tout champ de riz, couvert d'eau, toute surface réfléchissante... allait dire à chacun : *Tu n'es plus Chinois !* Et comme l'homme a toujours quelque peu le travers d'esprit de considérer plus ce qu'il *paraît être* que *ce qu'il est*, les Chinois se montrèrent plus contristés de ce signe de défaite que de leur défaite même.

Les plus philosophes insinuèrent bien qu'il y avait compensation entre le volume de cheveux de l'antique coiffure et celui que laisserait sur chaque tête la mode nouvelle, — puisque l'une donnait un peu de cheveux partout et que l'autre n'accordait rien en avant, il est vrai ! mais laissait tout en arrière. — Cependant *ce tout*, cette natte dont il fallait être orné au plus vite ne flattait aucunement les Chinois et plusieurs milliers d'entre eux préférèrent mourir que d'obéir, — car il fallut choisir entre la natte et la mort !

Ceci nous rappelle un fait analogue qui, dit-on, eut Constantinople pour théâtre. Un sultan s'avisa de ne plus vouloir régner sur des sujets barbus. Ordre ayant été donné aussitôt à tous les Turcs d'avoir à couper leur barbe, le désespoir fut général. Déjà plutôt que de s'y conformer un grand nombre de Vrais Croyants s'étaient laissé tuer ou mourir de faim, lorsqu'une révélation fut faite en confidence à un Turc désespéré : — « La barbe repousse ! lui dit à voix basse un barbier compatissant. — Par Allah ! en es-tu bien certain ? — Depuis 15 jours il y en a beaucoup d'exemples. » — L'opposition était vaincue.

Les Chinois, gens d'expérience, savaient que leurs cheveux repousseraient ; mais ils savaient aussi que la volonté impériale ne passerait pas comme une fantaisie et qu'ils auraient à entretenir perpétuellement leur chef en l'état voulu. De là leur désespoir, de là vint que mille et mille furent martyrs pour leurs cheveux, comme les musulmans pour leur barbe.

Qui eût osé prédire en ce temps qu'un jour viendrait où cette natte, si mal accueillie, serait chère aux Chinois, chère au point que leur honneur y semblerait attaché ! Ce jour a lui depuis fort longtemps déjà; nous raconterons plus loin l'aventure dont fut victime un mandarin trop zélé. Disons seulement ici que le seul fait de nommer la natte *cauda*, tout comme l'appendice des animaux, cause aux Chinois le plus vif déplaisir. On doit pour être poli se servir du mot latin *cincinnus*, ou de l'expression chinoise *pién-tsè*. Ajoutons encore que toucher à cet ornement, par esprit de curiosité, ne serait-ce que du bout du doigt, est une privauté des plus inciviles.

L'histoire de la natte nous a fait faire une longue digression, bien qu'à vrai dire elle ne nous ait pas éloigné des Chinois. En outre, la natte est d'institution tartare, elle a failli causer une révolution... c'est là notre excuse.

Passons à un autre ordre de choses et d'idées : quittons un instant le Chinois pour la Chine.

CHAPITRE II

CHINE POLITIQUE. — LE TONKIN.

Nous voudrions parler dès maintenant de la Chine agricole, de la Chine *fleurie*, et fleurie au point d'avoir mérité le nom de « royaume aux fleurs abondantes ». Mais ne faut-il pas, lorsqu'on est sage, « manger le pain bis avant le pain blanc » ?

Pour nous conformer à ce dicton très expressif quoique vulgaire, nous allons jeter rapidement un regard sur la Chine politique et administrative.

L'étendue du territoire chinois est d'environ 750,000 lieues carrées, c'est-à-dire plus du double de la surface de l'Europe entière. Cinq cents millions d'hommes couvrent ce territoire et vivent de ses produits. La Chine proprement dite est divisée en 18 provinces auxquelles il faut ajouter trois autres provinces taillées dans l'ancienne Tartarie (le Leao-tông, la Mantchourie, et la Tartarie). En outre, l'empereur est suzerain du Thibet, de la Boukarie, du Turkestan, de la Corée, du Ko-Ko-Noor..... Chacune de ces grandes divisions est placée sous l'autorité d'un vice-roi (1) et d'un lieutenant-gouverneur qui sont des mandarins de deuxième ordre, des *Excellences très respectables*, et dont le traitement régulier ne dépasse pas 150 taèls soit environ 1125 francs (2).

L'usage d'employer l'image de certains oiseaux comme marque des dignité remonte à l'an 2500 (environ) av. J.-C.

A cette époque et sous le règne de Chaô-haô, fils du célèbre Houâng-ty, un Hay-Fong-houâng, grand aigle des mers, fut connu en Chine; on peignit cet oiseau et l'on composa même un certain nombre de caractères rappelant (de bien loin !) la forme de l'aigle.

On eut alors la pensée de peindre de même un certain nombre d'oiseaux et d'attribuer l'image de chacun d'eux aux différents degrés de hiérarchie dans l'ordre des lettrés.

1. Parfois deux provinces sont soumises à un seul vice-roi.
2. Au traitement régulier des mandarins, s'ajoute une sorte de casuel produit par les affaires administratives et judiciaires.

Les villes de premier ordre de tout l'empire portent le nom générique de *foù* (Souy-foù; Foù-tcheou-foù ; Ou-tchâng-foù...) Elles sont administrées par un préfet, mandarin de 4ᵉ ordre *excellence considérée à la cour*, au traitement régulier de 105 taëls (787 fr. 50). Les villes de 2ᵉ ordre et celles de 3ᵉ ont leur sous-préfet. Chacun de ces fonctionnaires a ses conseillers, ses secrétaires, ses adjoints même. Les commissaires de districts ou chefs de villages sont des mandarins de 9ᵉ ordre, *« honorables susceptibles d'avancement »*. Ces magistrats jouent le rôle de nos juges de paix, au point de vue judiciaire, et seulement pour concilier. Les sections se trouvent formées selon le nombre des familles : dix familles forment un rôle, *pây*, dix rôles une décurie, *kià* et dix kià, une centurie, *pad*. Chacun de ses groupes est dirigé par un chef, un ancien du village. Cela constitue l'organisation municipale. Cette magistrature municipale est gratuite.

Le mandarinat n'est pas une institution purement civile ; il existe aussi des mandarins militaires classés en sept ordres principaux qui donnent des grades à peu près analogues à ceux de notre armée, depuis le grade de général de division jusqu'à celui de sous-lieutenant. Les mandarins militaires sont presque tous tartares, de telle sorte que si les Chinois proprement dits devenaient hostiles à la dynastie régnante, l'influence des fonctionnaires civils serait neutralisée par l'influence des officiers. Quant à l'armée elle se recrute de deux manières : par des engagements volontaires et par un contingent que fournissent des *familles militaires*. Ces familles, dont un grand nombre existent avec ce titre depuis plusieurs siècles, reçoivent de l'État une subvention annuelle consistant en riz ou autre denrée alimentaire, suivant les provinces.

Les fonctionnaires civils, — dont le nombre ne dépasse pas vingt mille pour tout l'empire — sont des *lettrés;* mais il y a huit degrés dans les titres académiques.

Dans la capitale, neuf ministères ou conseils dirigent les affaires publiques. Ces ministères sont : ministère *des Offices*, où se traitent toutes les questions de personnel et qui délivre les titres; ministère *des Finances;* ministère *des Rits*, où se règlent l'ordre et les détails des grandes cérémonies; ministère *des Travaux publics;* ministère *de la Justice;* ministère *de la Maison Impériale*, où l'on s'occupe de tout ce qui concerne les princes et leur famille; ministères *des*

Affaires et Colonies étrangères; enfin ministère de la Musique.

Les mandarins sont tenus non seulement de veiller à l'observance des lois et au respect des antiques coutumes, mais encore de prendre soin que le peuple connaisse tous ses devoirs. Ce fait que chacun soit au courant de ses obligations sociales est considéré comme si essentiel au bien public que des fonctionnaires ont pour tâche spéciale de préparer des instructions morales affichées ensuite dans les villes et villages. Chaque année des Inspecteurs et sous-inspecteurs se rendent dans les provinces, souvent à l'improviste, pour juger comment les mandarins administrent les affaires, comment ils rendent justice, et pour sévir contre ceux qui se rendraient coupables d'exactions ou de prévarications.

Le système gouvernemental des Chinois est conçu pour diriger des hommes essentiellement raisonnables, observateurs des lois et des coutumes, respectueux de toute supériorité intellectuelle, pleins de déférence pour les vieillards, assez sages pour estimer à son prix l'expérience de leurs devanciers.

L'autorité suprême est en Chine calquée sur l'autorité paternelle. Confucius ne craignit pas de rappeler à l'empereur qu'il devait être pour son peuple tout ensemble « un père et une mère », alliant ainsi la tendresse et l'indulgence maternelle à la justice et à la fermeté d'un chef de famille. La majorité des empereurs de la Chine a mis en pratique les sages conseils de Confucius. La nation n'a pas oublié, non plus, qu'elle est une grande famille gouvernée par un patriarche; aussi le peuple désigne-t-il souvent l'empereur par le titre touchant de *Tà-Foù-Moù*, c'est-à-dire *illustre père et mère* (1). Les mandarins administrant au nom de l'Empereur doivent se montrer aussi fermes que bienveillants. Les Chinois se plaignent parfois de leurs exactions, et ce fait ne doit pas nous surpendre: l'homme, quel que soit son pays, est sujet à errer! Plus il a d'occasions de transiger avec sa conscience, plus grande est l'énergie qu'il doit déployer pour résister au mal. Ces occasions se trouvent d'autant plus fréquentes en Chine que l'usage des *cadeaux* y est en honneur et que le traitement des fonctionnaires reste au-dessous de ce qu'il devrait être pour assurer leur intégrité.

Les étrangers n'ont pas eu, jusqu'ici, à se louer

1. Et non *grand-père* comme cela est indiqué dans certains auteurs.

des mandarins; en plusieurs circonstances ils ont usé de leur influence sur le peuple pour l'exciter contre les chrétiens et le pousser à des massacres, à des cruautés sans nom. Lorsque le simple titre d'étranger ou de chrétien ne suffit pas à irriter la populace, les mandarins savent mettre là crédulité, la naïveté de ces hommes tout primitifs au service de leurs haines. Cela est arrivé en maintes occasions, particulièrement à Tien-Tsin en 1870. Le massacre du 21 juin dura de 9 heures du matin à 5 heures du soir. Ses détails sont trop connus pour que nous en retracions ici le tableau sanglant. Rappelons seulement quelle fut la conduite des magistrats.

Les maladies d'yeux sont fréquentes dans certaines contrées de la Chine et les jeunes enfants souffrent particulièrement de ces affections. Les sœurs de Saint-Vincent-de-Paul soignaient à Tien-Tsin un grand nombre de petits malades conduits par leurs parents mêmes à l'établissement de la Sainte-Enfance. Les fonctionnaires chinois jugèrent que ce bien, si appréciable, fait gratuitement au peuple, était pour la religion chrétienne une cause trop sérieuse de progrès pour qu'ils ne s'en montrassent pas émus. Ils répandirent donc le bruit que les sœurs de Charité crevaient les yeux aux petits Chinois soit pour en faire des médicaments, soit pour la confection d'un breuvage magique.

Telle fut la fable criminelle qui amena le martyre et la mort de tant de chrétiens!

Si grands, si légitimes que puissent être les griefs des Européens contre les mandarins, il ne faut cependant pas oublier que ces magistrats ont pour excuse *une raison d'État :* la civilisation européenne et ses prétendus progrès sont à leurs yeux un péril social, un danger imminent qu'ils ont le devoir de combattre. L'hostilité des fonctionnaires prenant les dehors d'une « légitime défense », nous n'avons plus à nous porter accusateurs ; mais nous devons tenter les plus grands efforts pour effacer ce renom d'ennemis.

Sages et prudents, quelques-uns de nos diplomates de carrière ont envisagé sous cet aspect pacifique la question des établissements français dans l'extrême Orient.

Au sud de la Chine, confinant aux provinces du Yûn-nân et du Kouàng-sy, se trouve un pays dont le nom a été trop souvent prononcé en France pour que nous omettions de le redire ici. Cette contrée étant devenue un champ d'honneur pour nos armées, a droit au salut de tout voyageur passant près de ses frontières.

Nous avons nommé le Tonkin.

On a diversement apprécié les avantages que la colonisation du Tonkin peut offrir au commerce européen; on a discuté la question si grave de l'utilité pour la France de coloniser *chez elle* et non chez un peuple étranger.

Les uns ont dit: le Tonkin est une terre promise, toutes les cultures y sont possibles; ses mines d'or, d'argent, de cuivre, de mercure; ses carrières de marbre, de cristal, de rubis!... enrichiront la nation qui les exploitera. Les autres ont prétendu que le Tonkin étant un point stratégique de la plus haute importance, l'armée française devait l'occuper:

Parmi les premiers, beaucoup ont dû faire des rêves d'or et de diamant.

Pleins de confiance dans ces espérances, bon nombre d'audacieux et de privilégiés ont dû se souvenir que l'ère des expropriations est comme un âge d'or pour les expropriés. Acheter à vil prix des terrains, des rives de fleuves, là où par les soins du gouvernement devront s'élever des forts, des villages, des villes peut-être... c'était une spéculation fort habile pour des hommes possédant les secrets des dieux: car la conquête du Tonkin devenait indispensable à leurs calculs! Si notre logique n'est pas en défaut, ces combinaisons ingénieuses ont dû se faire: les spéculations immobilières à Paris, particulièrement sur les terrains, sont à certaines époques assez aléatoires pour que l'on cherche à exercer son expérience, son talent, sa sagacité, hors de la capitale, fût-ce même au Tonkin. Ajoutons que ce serait donner à ce pays, fécond en espérances, une utilité réelle bien que toute *privée*.

Que faut-il penser des cultures multiples supposées possibles au Tonkin ?

Tout d'abord il peut sembler étrange qu'un peuple assez inhabile et imprudent pour laisser une grande partie de ses terres en friche, parle d'aller ensemencer le Tonkin.

Aussi est-il plutôt question de *faire cultiver* par de bons étrangers. Il s'agit donc de *compagnies* agricoles ou industrielles (toujours subventionnées), non de colons travailleurs gagnant « leur riz » à la sueur de leur front. Nous parlons de *riz* car c'est la seule céréale dont la nature marécageuse du sol et sa facile irrigation permettent une grande culture. Encore ferons-nous observer que le riz étant une des principales ressources de la Cochinchine, nous nous ferions concurrence à nous-mêmes en le semant au Tonkin.

Mais ne discutons pas la richesse de cette contrée, ni l'abondance de ses mines et carrières, ni la fertilité de ses champs, de ses marais; supposons que toutes les prévisions industrielles et agricoles soient exactes: il reste hors de doute que la paisible exploitation de tant de richesses dépendra du bon vouloir des habitants et des voisins de la contrée exploitée.

Trente mille *travailleurs* français, chacun armé d'un fusil et porteur d'instruments de travail, tous guidés par un chef, veulent-ils émigrer au Tonkin?

Jamais proposition n'aurait été plus mal accueillie que celle-là... Et cependant nous avons bien des bras inoccupés, bien des « ouvriers sans travail »! Mais non; il faut travailler sans fatigue, — c'est-à-dire récolter sans semer; et quant aux dangers, nos soldats les prendront pour leur part.

Pour qui ne veut pas s'illusionner, tel est bien l'esprit de notre époque. Et l'étonnement touche à la stupéfaction quand on se prend à songer que sans aucun élément sérieux de colonisation on a eu la hardiesse d'entreprendre la conquête du Tonkin!

Nous pouvions cependant posséder de ce pays tout ce qui nous eût été utile — et cela sans armée à entretenir, sans guerre, sans lutte. Nous touchions à un résultat si appréciable. Que fallait-il pour l'atteindre?

Il fallait continuer la politique conciliatrice de certains diplomates, politique pleine de sagesse et de raison qui, appréciant la haute importance de l'occupation *pacifique* du Tonkin, estimait comme plus importantes encore nos relations amicales avec la Chine. De telle sorte que mieux aurait valu renoncer au Fleuve Rouge, aux futures rizières, aux riches mines, que d'entrer en lutte avec un voisin tel que le peuple chinois.

Cette politique était suivie par notre représentant M. Bourée.

Mieux au fait que tant d'autres diplomates des mœurs et du caractère des Chinois; jugeant sainement leur intelligence naturelle et leurs progrès dans l'art militaire, M. Bourée avait compris que les avantages présumés du Tonkin pour notre commerce seraient absolument illusoires, chimériques, si nous n'étions assurés du concours amical des Chinois. La géographie même du pays explique la justesse de cette appréciation. La vallée du Fleuve Rouge traverse le Tonkin; elle forme une voie naturelle de communication entre l'Océan et la Chine centrale, puisqu'elle s'ouvre au golfe du Tonkin et se perd au delà de Tâ-ly-foù, ville importante du Yùn-nàn. La possession du fleuve et de sa vallée aura donc une utilité capitale pour le transit européen, — mais sous l'impérieuse condition que cette possession soit paisible, que les voyageurs soient en sécurité sur cette route naturelle, et que les Chinois accordent l'entrée de leurs villes, l'accès de leur pays.

Si les Chinois ont intérèt à la prospérité de notre colonie, à l'extension de notre commerce, ils nous épargneront bien des déboires. Mais si nous restons pour eux des ennemis, des intrigants, des envahisseurs... leur hostilité nous causera d'incessants mécomptes. Ils exciteront contre nous les étrangers avec lesquels nous serons en contact, ils favoriseront adroitement les entreprises des pirates, jusqu'au jour où se jugeant eux-mêmes assez puissants pour ruiner à jamais notre colonie, ils viendront massacrer tous nos nationaux.

Comme tous les hommes d'Orient, les Chinois sont forts avec les faibles, faibles avec les forts; mais les temps sont proches où, vis-à-vis de toutes les nations, même des plus puissantes, ils seront *forts.* Ils ont montré en 1885 que l'enseignement reçu en 1860 n'est pas demeuré stérile. Nous leur avons fourni l'occasion de mesurer leur valeur, de juger ce qu'ils peuvent être dans l'avenir. Soyons assurés que, leur armement et leur instruction militaire étant complétés, nous aurons à compter avec les troupes chinoises comme avec les meilleurs soldats d'Europe. En outre les Chinois auront toujours la supériorité du nombre.

Ce n'est point là une appréciation exagérée de la vitalité de la nation chinoise : on trouve dans cette nation des éléments de force qui ont fait défaut aux sociétés antiques et que repoussent les sociétés modernes.

Autant une colonisation ayant l'aveu des Chinois eût été féconde en bons résultats, autant nos opérations militaires ont rendu notre position difficile et incertaine.

Un moyen propre à sauvegarder les intérêts de tous s'offre à la France et réparerait son erreur : fonder au Tonkin une monarchie nationale sous le protectorat français.

Les Tonkinois désirent l'indépendance : ils nous sauraient gré de la leur garantir. La Chine cesserait de voir en nous des envahisseurs, des voisins turbulents et ambitieux.

Nous-mêmes, enfin, abandonnant une politique dangereuse, féconde en sacrifices de toute sorte, nous profiterions dans une large mesure des avantages divers et réels que peut offrir le Tonkin.

Cependant des essais de domination directe et pacifique vont être tentés: M. P. Bert se dévoue à cette œuvre. Il est parti plein d'espérance. résolu, dit-on, à suivre une ligne de conduite déjà convenue et fermement arrêtée.

Si les projets du nouveau Résident général ont réellement pour but de dégager la France d'une entreprise périlleuse et de lui éviter d'incessants sacrifices, tout Français doit faire des vœux pour leur réussite.

LA SOCIÉTÉ CHINOISE

CHAPITRE III

LE CHINOIS. — EMPEREUR. — FONCTIONNAIRE. CITOYEN. — DROIT DE REMONTRANCE

Ouvrez un dictionnaire français au mot *Magot*. Vous lirez que cette expression désigne tout à la fois: 1° Un gros singe sans queue; 2° de l'argent caché; 3° un homme fort laid; 4° une figurine grotesque représentant *un Chinois*.

Entre ces gros petits hommes, paisiblement assis, larges autant que hauts, à la figure épanouie, au ventre rebondissant sur lequel s'appuient deux mains potelées à demi enfouies dans les vastes manches d'un ample *ta-koua*, ou parfois l'une armée d'un éventail et l'autre d'une pipe à opium; entre ces Chinois de porcelaine ou de bronze et des Chinois vivants, parlants, agissants, pensants.

existe-t-il des rapports réels et appréciables ? Ces deux genres de Chinois sont-ils également lourds et laids ?

Avant de répondre à cette question — résolue déjà affirmativement par un public assez nombreux — disons que ce sobriquet dénué de bienveillance, ce nom de magot, n'est peut-être qu'une forme altérée du nom par lequel, très anciennement, on désignait les Tartares. L'Écriture nous apprend que Japhet eut un fils appelé *Magog* et les anciens auteurs appliquèrent ce nom à ses descendants. Bochart a supposé que l'agglomération de cette descendance s'est faite au sud du Caucase. Sur le rapport de Salam, ambassadeur du 9ᵉ calife du Corasan (en 842), les Arabes ont placé le peuple de Magog au nord de l'Asie, au delà de la Grande-Muraille.

Il se peut qu'entre *Magot* et *Magog* les étymologistes ne trouvent qu'une analogie fortuite ; quoi qu'il en soit nous avons cru devoir la signaler.

Quant à ces formes lourdes, à cet aspect grotesque donnés par les Chinois aux figurines si répandues en Europe, on les retrouve également dans leurs peintures. Nous pensons qu'il faut les attribuer bien moins à une ressemblance réelle avec les personnages représentés qu'à une conception du beau très différente de la manière dont on le comprend en Occident. Pour nous, l'harmonie des formes, la proportion exacte des fractions d'un tout, sont deux éléments principaux de la beauté ; les proportions comme la perspective ont des règles fixes. Il n'en est pas ainsi chez les peuples d'Orient dont l'art a conservé un caractère primitif, plein de naïveté. En outre la *mode* qui a ses lois — ou pour mieux dire ses caprices — change du Nord au Sud le signe du luxe et de l'élégance.

En Chine la *mode* est donc que l'homme soit pesant, *massif*, tandis que la femme reste mince, svelte. En réalité les Chinois sont trapus, bien musclés ; l'embonpoint est le privilège des oisifs — c'est d'ailleurs la loi commune. Leur démarche est grave plutôt que lourde et cette gravité se remarque même chez les jeunes gens de 12 à 14 ans. Mais si l'on jugeait l'esprit du Chinois le plus *homme de poids* d'après la lourdeur de son corps — le contenu par le contenant — on porterait un jugement inexact en tous points. Autant il est de bon goût d'occuper une large surface du divan, autant l'esprit doit être délié, vif, habile à ces jeux de société que l'on appelle la « gymnas-

tique de la langue » et qui consistent en charades à proposer ou à deviner, rébus à faire ou à
comprendre, vers à composer sur l'heure et dont
le sujet ne peut souvent être choisi par l'auteur...
L'être intelligent, prisonnier subtil du corps,
échappe donc à la mode qui régit son *compagnon*.

Cependant, si remarquable que soit cette faculté exprimée par nous en trois mots : avoir de
l'esprit; si élevé que puisse être le degré
auquel les Chinois portent cette faculté, ils possèdent un don plus précieux encore, une force
qui dans la foule des sociétés humaines leur a
valu un rang tout spécial. Cette force ne peut ni
s'exprimer d'un seul mot, ni se classer nettement
soit parmi les qualités du cœur soit dans celles de
l'esprit. Étrange par sa nature comme par ses résultats, elle touche à la fois aux unes et aux
autres ; elle se manifeste par une manière d'être,
un ensemble de faits quotidiens; elle produit des
vertus qui, révélant son existence sans la préciser ni la définir, lui prêtent leur nom et la mul-
tiplient.

Nous disons : le Chinois observe la piété filiale;
il respecte le principe de l'autorité partout où il
le découvre; il garde avec religion le souvenir du
passé... Mais pouvons-nous expliquer que depuis

sa constitution — constitution qui date d'ailleurs de quatre mille ou de dix-neuf mille ans — pouvons-nous expliquer que la société chinoise soit demeurée debout malgré les tempêtes, intacte au milieu des ruines de cent empires?

Sans doute les deux vertus d'obéissance et de piété filiale peuvent soutenir un État; mais encore faut-il qu'elles-mêmes demeurent *comme un soutien* dans cet État! Moïse au Sinaï fit tenir élevés ses bras que dans sa lassitude il ne pouvait plus tendre vers le ciel: image sensible par laquelle la Providence nous enseigne que notre vigilance doit être incessante, nos efforts dans le bien toujours constants, notre travail courageux et sans interruption. Mais qui peut se dire à l'abri de défaillances? Qui n'a besoin, au cours de son existence, d'une main qui le soutienne? Pour n'avoir pas rencontré cette assistance, combien d'hommes ont succombé! combien de nations ont péri!

Chaldéens, Assyriens, Égyptiens, Babyloniens, Mèdes, Perses, Grecs, Romains... tous ont passé, beaucoup emportant dans la tombe leur histoire qu'il faut maintenant arracher aux pierres des sépulcres, aux sables du désert.

Les Chinois sont demeurés; ils ont gardé intacts

leurs fastes et leurs institutions, comme si la main puissante qui dirige le monde les avait placés hors de la voie commune où s'entrechoquent les peuples, où s'accumulent les ruines.

C'est pourquoi nous disons que les Chinois sont doués d'une force étrangère aux autres hommes. La stabilité de ce peuple indique en lui une vitalité sans exemple; formé depuis tant de siècles, il devrait être aujourd'hui à l'âge sénile — car les nations, comme les hommes, ont leur vieillesse — et l'on constate avec stupeur qu'il a encore la naïveté de l'enfance, l'énergie de la jeunesse.

Don mystérieux qui se trouvera expliqué dans la suite des temps!

De même que chacun d'entre nous joue un rôle dans la société à laquelle il appartient, chaque peuple est acteur sur la scène du monde; tous ont une mission à remplir, mission souvent ignorée de ceux-là mêmes qui l'accomplissent. Le peuple « des cent familles » n'échappera pas à cette loi. Mais les événements qui se pressentent seulement appartiennent encore au domaine de l'avenir: restons dans le présent; il passe avec trop de rapidité pour que nous cherchions à le gagner de vitesse. Chaque minute qui s'écoule, chaque heure qui tombe dans l'éternité des âges, nous entraînent, inconscients, dans le passé.

Passé, avenir... Deux termes de l'existence que le Chinois rattache sans cesse l'un à l'autre et dont il est lui-même le trait d'union !

Un de nos sublimes génies, Pascal, a défini l'homme « un roseau pensant ». Et ce qui décuple la valeur de l'homme, c'est de *savoir qu'il pense*. Il sent vivre son intelligence ; il connaît en lui-même tout un monde animé, monde immense, qu'il voudrait plus vaste, plus animé encore et pour lequel il tente de rompre les endiguements du *fini*.

Si l'homme ignore qu'il pense, s'il est inconscient ou insoucieux de sa vie intérieure, il n'est plus qu'une *machine* à pensées. De celui-là nous ne dirons pas qu'il vit, mais seulement qu'il remplit les fonctions instinctives de l'existence. Combien dans nos foules en est-il qui marchent ainsi, sans réfléchir qu'hier ils n'étaient pas encore, que demain ils ne seront plus !

Autant de tels hommes sont nombreux en Europe, autant ils sont rares en Chine.

Là, en effet, l'homme *sait* qu'il est un lien entre une tombe et un berceau ; représentant de l'aïeul qui déjà a rempli sa carrière, il voit un continuateur dans l'enfant qui, tout petit encore, s'exerce à la soumission et au respect. Le Chinois dit : « L'homme qui a un fils ne meurt pas. Son corps doit périr, aller parmi les mûriers et les ormes »; mais son esprit ne l'accompagne pas à cette dernière étape; « celui-là descend, l'autre monte »; les idées germent, les actes portent fruits, le nom se perpétue.

Il résulte de cette appréciation de la vie que le chef de famille n'est pas seulement un père, un maître, un juge; il est encore un *principe* — principe toujours existant, toujours honoré, toujours le même dans d'innombrables incarnations.

La base de la société romaine était la puissance paternelle, la *patria potestas;* la base de l'édifice social en Chine est la Piété filiale. Et de même que la *patria potestas* avait à Rome une étendue, une modalité, une force tout étrangères à l'autorité du père de famille telle que la conçoivent les sociétés modernes, de même la piété filiale du Chinois a une étendue et un caractère qui la distinguent de la vertu connue en Europe sous le même nom. Disons mieux: toute autorité publique, celle de l'empereur comme celle du mandarin de dernier ordre, participant de la nature du pouvoir paternel, l'obéissance à cette autorité doit être empreinte de respect filial.

C'est pourquoi Confucius a dit : « La piété filiale est la source de toute vertu comme la base de toute doctrine. »

L'Empereur, père-mère de la nation, tient son mandat du « Seigneur du Ciel » qui le lui retire lorsqu'il se montre indigne de la confiance céleste. Les magistrats, relevant du chef de l'État, exercent en quelque sorte par procuration le mandat donné par le Ciel. Les sujets savent qu'ils sont tenus de vénérer les différents dépositaires du pouvoir ; mais ils savent aussi que « la voix du peuple peut être la voix du Ciel ». Et lorsque l'illustre père-mère a gravement démérité, une grande clameur l'élève dans l'empire : *le fils reprend son père.*

Un fils reprendre son père ! n'est-ce pas la négation du respect filial ? Le droit de remontrance n'est-il pas du moins en contradiction flagrante avec le principe d'obéissance ?

En dehors des considérations d'ordre supérieur qui peuvent justifier une réprobation générale, cette contradiction n'est ici qu'apparente. Il y a plus : les remontrances du fils au père rentrent dans les exigences de la piété filiale ;

c'est là un trait caractéristique des institutions chinoises.

Dans l'extrême Orient, en Chine, comme dans l'Inde d'ailleurs, on reconnaît deux sortes de paternités : l'une est selon la nature, l'autre selon l'esprit ; la seconde est au-dessus de la première. De telle sorte qu'un Chinois est tenu au respect envers son fils dès que ce fils a conquis dans les lettres un grade plus élevé que le sien. De telle sorte encore que le maître le plus humble et du plus infime talent doit être honoré par son élève, quelle que puisse être la dignité dont cet ancien élève se trouve revêtu : fût-ce même la dignité suprême.

Lors donc qu'un souverain néglige ses devoirs, les premiers lettrés de l'empire, les ministres et les grands censeurs lui représentent le danger de sa conduite. Et plus haut que la voix des grands dignitaires s'élèvera la voix de l'ancien maître du « fils du Ciel ».

Au sujet du droit de remontrance des ministres et des censeurs, nous croyons devoir faire ici une remarque curieuse, propre à fixer l'attention sur le génie du grand peuple dont nous nous occupons.

Pour les Chinois, rien n'est isolé dans l'uni-

vers. Aussi toutes leurs institutions se touchent-
elles par quelques point ; les arts mêmes n'échappent pas à cette loi. Ainsi leur musique n'est pas
seulement un mélodieux arrangement des sons ;
elle est aussi la voix de la nature dont elle chante
les harmonies ; elle est un langage exprimant les
différents états de l'âme. Et ceci doit s'entendre
non pas uniquement des diverses modalités dues
aux passions, mais encore des sentiments que
font naître certains devoirs sociaux.

C'est ainsi que le *sol* (où 五, autrefois Chàng)
représente *la voix des ministres*, tandis que le *fa*
(六 *loù*, autrefois Kông) représente celle *du souverain*. Par suite de cette relation le *sol* doit être
— disent les traités de musique — accentué avec
force, énergie, vigueur, et même avec une modu-
lation dure, acerbe, caractères propres à l'autorité des censeurs et chefs des Grands Conseils.
Au contraire, le *fa*, note royale, sera grave,
calme, profond, solennel, comme il convient
d'être à un homme revêtu du pouvoir suprême.

La voix des ministres doit donc dominer la
voix royale, tandis qu'elle-même reste au-dessous
de la voix de l'invariabilité, de la modestie, de la
fidélité, de l'attachement filial, représentée par la

note correspondant au *la* (Γ 乙 . autrefois) kô (1).

Nous avons dit que parfois le peuple même blâme l'Empereur ; mais ce blâme n'a rien ni de grossier, ni de vulgaire ; il se produit sous une forme allégorique, toujours élégante, car cette tâche ingrate est confiée aux poètes. Confucius a recueilli dans le Livre des Vers diverses odes portant ce caractère. Quelques extraits de l'une d'elles suffiront à donner une idée exacte de ce genre poétique.

« Un mûrier ombrage la terre. Autrefois ses rameaux flexibles, ses branches couvertes de verdure, portaient l'ombre au loin. Mais voici que ses feuilles jaunissent, elles se dessèchent, elles tombent. Le peuple n'est plus abrité par ce mûrier, il souffre, il n'a plus de repos. O Ciel ! toi si grand, toi si puissant, seras-tu pour nous sans pitié ?

« Les étendards sont déployés ; par nos villes et par nos champs les chars fuient, entraînés par des quadriges de bœufs ou par un couple de chevaux ardents. Tout est désordre, tout est confusion,

---

1. La classification des sons remonte à la plus haute antiquité, elle a été faite par un ministre nommé Lin-Léen, sous le grand législateur *Houang-ty* qui monta sur le trône en 2697 av. J.-C. et régna cent ans, dit-on.

tout est en péril ; nul ne peut se croire à l'abri de la tempête. Oh malheur ! le royaume, dans le plus grand désordre, s'avance vers la ruine !

. . . .

« Projets hardis, résolutions pleines de sagesse : chacun en forme, et cependant le trouble augmente toujours. Il faut qu'une voix s'élève pour dire nos infortunes ; il faut demander aux Grands Conseils un remède pour un si grand mal. Celui qui s'est brûlé la main ne va-t-il pas aussitôt la plonger dans l'eau froide ? Mais le peuple entier courant à sa perte, comment soulager tant d'infortunes ?...

« Le Ciel laisse tomber en foule les malheurs sur nous ; il nous enverra de grands désastres. Bientôt le prince sera renversé de son trône. Nos champs sont couverts d'insectes, les moissons sèchent avant que de mûrir. Malheureux esprit du Milieu ! De l'Occident à l'Orient on déplore tes souffrances et ta ruine ; et moi qui voudrais supplier le Ciel d'avoir enfin pitié de toi, je n'en trouve ni le courage ni la force... Le calme, la quiétude, la paix, sont perdus pour le peuple parce que des hommes pervers infestent le royaume, ravissant aux travailleurs le fruit de leurs peines. Ils disent : Nous sommes hommes de bien, et les exigences que l'on nous reproche nous sont imposées. Ils parlent ainsi, mais ils mentent.

« Blâmez mon accusation, maudissez mes vers : d'autres déjà vous ont blâmés, d'autres vous ont maudits ! (1) »

Cette ode était faite contre Ly-ouâng, prince orgueilleux, privé de tout bon sentiment, qui régna de 878 à 841 avant Jésus-Christ. Irrité par les sages remontrances des censeurs et par les plaintes légitimes du peuple, il fut cruel avec tous, petits et grands. Un soulèvement général eut lieu dans le Chèn-sy où était alors le siège de l'empire ; des bandes armées pénétrèrent dans le palais, mirent à mort toute la famille impériale à l'exception de l'Empereur qui s'était enfui, et de son plus jeune fils, Suèn-ouâng, tout petit enfant sauvé par un fidèle ministre et qui, montant sur le trône seize ans plus tard, régna avec sagesse pendant quarante-six années.

Nous avons cité cette ode de préférence à toute autre, parce qu'elle a préparé les événements que nous venons d'indiquer, événements qui ont servi de cadre à une tragédie chinoise, « l'Orphelin ».

1. Chè-Kin, III, 3

Cette tragédie traduite au siècle dernier fournit à Voltaire les matériaux de son *Orphelin de la Chine*.

Tempéré par l'autorité des ministres et des censeurs, le pouvoir souverain, tout autoritaire qu'il soit, dégénère rarement en despotisme. Une institution fort remarquable contribue en outre à maintenir le chef de l'État dans l'observance de ses devoirs : nous voulons parler d'une sorte de tribunal historique siégeant à la Cour même. Là sont consignés tous les actes des Empereurs, leurs fautes comme leurs œuvres louables. La tâche des historiens impériaux, chargés de faire connaître à la postérité les annales de chaque dynastie, serait périlleuse au premier chef si l'on n'avait, par un ingénieux procédé, garanti ces hauts fonctionnaires contre la colère des princes.

Dans une chambre du palais se trouve une vaste cassette, ou pour mieux dire un grand coffre portant une ouverture semblable aux fentes de nos *boîtes aux lettres*. Par cette ouverture chaque historien jette, aussi souvent qu'il le veut, une relation écrite de la conduite du souverain, le récit d'un événement intéressant, l'appréciation, la critique de tous les faits qui appartiennent à l'histoire.

3.

Ce coffre ne doit être ouvert, et par conséquent les manuscrits ne peuvent être connus qu'*après la chute de la dynastie* sous laquelle les mémoires ont été rédigés. La dynastie actuelle des Tsin (la vingt-deuxième) a donc, depuis deux siècles et demi, ses annales ignorées de tous, et qui sortiront de leur tombe le jour où le dernier des Tsin descendra du trône.

Les fonctionnaires publics sont parfois aussi en butte aux satires des poètes. Voici un court fragment assez curieux d'une ode ayant pour objet le blâme de mandarins qui dilapidaient les biens de l'État :

« O rat, d'une grosseur surprenante, ne ronge pas tout le millet de mon grenier ! voilà trois ans que je souffre des dommages, tu n'as eu aucune pitié pour mes biens. Aussi je me dispose à partir et vais habiter un plus heureux pays...

« O rat, d'une grosseur surprenante, ne ronge pas le blé de mes granges ! voilà trois ans que je suis victime de ton avidité...

« O rat, d'une grosseur surprenante, ne ronge pas la semence de mes moissons futures ! (Ode 7.)

On découvre chez les Chinois une délicatesse de sentiments qui étonne à bon droit les personnes habituées à les considérer comme des barbares et qui charme d'autant plus qu'on s'attend moins à la rencontrer. Leur vie privée nous en fournira mille preuves. Mais dès maintenant, sans quitter le sujet qui nous occupe, nous allons en trouver de grands exemples.

CHAPITRE IV

RESPECT DE L'AUTORITÉ. — MORT D'UN GRAND
DIGNITAIRE COUPABLE. — DEVOIRS SOCIAUX.

Le respect, l'attachement filial, la soumission que la nation tout entière doit au souverain et aux magistrats, s'adressent non pas à la *personne* de l'Empereur ou des mandarins, mais au *principe* qu'ils représentent.

Lorsque leur conduite est louable, le peuple a pour eux, pour le prince comme pour ses délégués, une affection qui parfois devient un culte ardent. Si au contraire leurs fautes les rendent indignes de la mission qu'ils remplissent, l'opinion publique sait établir une distinction entre le *fonctionnaire* et la *fonction*, entre l'homme et le principe d'autorité.

On peut trouver cette distinction subtile : elle nous semble très sage et fort utile au bien général.

Les Chinois estiment qu'un grand dignitaire, un *tay-fou*, ne peut avilir par ses fautes la charge dont il est revêtu. Confucius a donné sur ce point des détails aussi curieux qu'intéressants. Nous trouvons ces détails dans une biographie du grand philosophe qu'un éminent sinologue a bien voulu nous communiquer.

« La loi, dit Confucius, ne veut pas que l'on punisse les grands dignitaires comme les coupables ordinaires. Il suffit de leur représenter leurs crimes, de leur apprendre à en rougir, et *de leur laisser le soin de se punir eux-mêmes.* »

Quelques auteurs se sont plu à dire qu'en Chine le suicide peut être le couronnement de l'existence et qu'il n'est pas rare de voir des Chinois solliciter de l'Empereur la faveur de se tuer. Le suicide est un mal commun à toutes les sociétés. Mais quant à la *faveur de se tuer*, Confucius explique pourquoi elle est accordée, à qui elle est faite.

« La loi, dit-il, n'exempte pas les grands des peines encourues par leurs fautes, mais elle veut que l'on ne puisse les croire, comme des hommes ordinaires, sujets à de graves erreurs. »

Ne disait-on pas à Rome que la femme de César ne devait pas être soupçonnée ?

Plus conséquente que l'illustre dictateur qui rendait plublics ses griefs conjugaux, la loi chinoise vise à ce que tout en étant frappés d'un juste châtiment les *tay-fou* ne subissent pas une peine infamante. Il faut pour atteindre ce double but que leurs crimes soient, sinon tenus absolument cachés, du moins soustraits à la procédure habituelle. Tout d'abord on couvre ces crimes du voile de l'allégorie, afin que la dignité du mandarin ne soit pas flétrie.

« Ainsi, un grand fonctionnaire mérite-t-il d'être châtié pour ses débauches criminelles, on disait autrefois que *les vases et ustensiles servant aux sacrifices* étaient dans un état de malpropreté à faire horreur. Devait-il être puni pour d'autres fautes, on se contentait de dire que *les toiles servant au pavillon dans le lieu où l'on sacrifie* étaient déchirées et pleines de taches. Si un mandarin était entré en rébellion contre le gouvernement, s'il avait désobéi à ses chefs, on disait seulement qu'il ne remplissait pas avec exactitude les devoirs d'un homme en place... Les grands mandarins doivent prévenir leur condamnation, ils doivent être leur propre exécuteur, personne ne pouvant porter la main sur eux ! »

Ceci nous conduit à l'application de la peine, et, certes, ce passage n'est pas le moins intéressant.

« Convaincu d'un crime digne de mort, un grand dignitaire *se cite lui-même* devant les juges réunis par le souverain, et s'accuse de son crime. Il conclut qu'il ne mérite pas de vivre et supplie qu'on lui accorde la permission de se donner la mort. Les juges lui exposent tout ce qui est propre à inspirer du repentir et vont prendre les ordres de l'Empereur. Pendant ce temps le *tay-fou* prend un sabre qu'il va laver lui-même dans le vase servant aux sacrifices. Puis, revêtu d'un habit de deuil et la tête couverte d'un bonnet blanc, il vient se mettre à deux genoux devant la porte du palais, la face tournée vers le nord. Dans cette posture il attend qu'on lui accorde la faveur qu'il a sollicitée. Les juges étant de retour, l'un d'eux lui dit : — Notre maître commun a bien voulu avoir égard à votre prière ; faites ce qui convient ! — Le coupable aussitôt lève le sabre qu'il tient et se donne la mort. »

N'est-il pas émouvant dans sa simplicité ce récit d'un drame qui révèle chez le coupable comme chez les juges un si profond respect du principe d'autorité, une si grande sollicitude pour leur dignité ?

Comparez ce drame tout intime, ce sacrifice privé dans lequel ur seul homme remplit à la fois le rôle d'accusateur, de pontife et de victime; comparez cette scène tout ensemble simple, imposante et terrible, aux débats scandaleux d'un procès-public intenté à un grand fonctionnaire. De ce débat que résulterait-il? Pour le coupable, l'infamie; pour le corps d'état auquel il appartient, une sorte de honte et d'avilissement aux yeux de la foule, — ou tout au moins un sérieux amoindrissement de son prestige, prestige nécessaire à l'ordre social.

Au lieu de ce bruyant scandale, au lieu d'une accusation et d'une défense faisant arme de tout acte, de toute parole, soit contre l'accusé, soit en sa faveur, quelles paroles retentissent au tribunal suprême? « Indigne de la confiance de notre souverain, je serais désormais la honte de la société: magistrat, je dépose ma charge, je vous rends ma bannière; homme, je dois expier mes crimes. Laissez-moi mourir! »

On le voit, ce n'est pas là un suicide, une désertion de la lutte, c'est plutôt un sacrifice expiatoire. Qui veut déserter le combat, n'en demande point l'autorisation: il fuit dans l'ombre et en secret.

Une grande idée philosophique se dégage du

drame exposé par Confucius. Cet homme qui portant déjà son deuil vient crier à ses juges non pas : grâce! non pas : pitié! mais : justice! cet homme qui demande justice contre lui-même, justice par lui-même, impose le respect et se réhabilite.

L'enchaînement des idées nous a écarté de la piété filiale proprement dite. Revenons un instant à cette vertu primordiale, « source de toutes vertus ».

Les Chinois vénèrent leurs instituteurs à l'égal de leur père; chacun d'eux estime, avec raison, que l'homme dont les soins bienveillants ont ouvert à son intelligence le vaste champ de l'étude, lui a donné comme une seconde vie. Le respect qu'il porte à ce maître est si grand, que le fier mandarin devant lequel tous se prosternent, n'*oserait s'asseoir* devant le lettré qui lui apprit à lire, à moins que ce lettré ne l'y invite avec instance.

Lorsque sur une route, dans la rue, à la ville comme à la campagne, il croise un mandarin, tout voyageur doit descendre de cheval, sortir de son palanquin et se prosterner devant le magistrat. Supposez qu'un haut fonctionnaire rencontre son ancien maître ou son propre père : celui-ci se prosternera comme un étranger, — à moins qu'il ne soit revêtu d'une charge publique égale ou supérieure. Mais aussitôt le mandarin descend de sa litière, relève son père selon la nature où selon l'esprit, et par trois fois s'incline avec respect. C'est que la déférence de l'un n'amoindrit pas le respect de l'autre; chacun remplit son· devoir moral et social, chacun aussi garde ses droits.

Le préfet d'une ville de premier ordre ayant commis une faute, sa vieille mère lui adressa de vifs reproches, reçus d'ailleurs avec une entière soumission, et le fit mettre *à genoux* devant elle.

La haute estime que les Chinois professent pour la piété filiale les entraîne parfois à des répressions excessives contre les magistrats. Ceux-ci d'ailleurs emploient, pour se soustraire à de telles répressions, un moyen aussi simple qu'ingénieux.

Disons en peu de mots le sujet de leurs alarmes et le procédé à l'aide duquel ils savent conjurer le péril.

En Chine les crimes sont rares, mais non pas inconnus. Un parricide jette la ville et même la province dans laquelle il a eu lieu, dans une grande douleur, dans un deuil profond. Le fait qu'un tel crime ait pu s'accomplir, passe aux yeux de tous comme le signe de la malédiction du

Ciel. Pas un magistrat ne songerait à voir dans quelque circonstance particulière une atténuation de cette faute exécrable, de cette odieuse atteinte à la piété filiale. Le coupable sera donc condamné à mort ; il doit être pendu après mutilation ; puis sa tête détachée du tronc restera un certain temps exposée dans une cage. Le jugement qui le condamnera au supplice devra être expédié à Pékin et ne sera pas exécutoire avant d'être ratifié par le Grand Conseil de la justice.

C'est ici que le danger deviendra pressant pour les mandarins de la province, théâtre du crime. En même temps qu'il ratifiera la sentence, le Grand Conseil déclarant qu'un parricide, crime contre nature, n'aurait pu se commettre si la population eût été bien instruite de ses devoirs, prononcera la destitution du magistrat directement préposé à l'administration de la ville témoin du forfait.

Ses rigueurs ne s'arrêteront pas à un seul mandarin. « Il est hors de doute, ajoutera le Grand Conseil, que, mieux surveillé, ce magistrat n'aurait pu ainsi négliger ses devoirs. Ses chefs sont donc coupables d'un défaut de vigilance dont la responsabilité remonte peut-être jusqu'au gouverneur de la province. » En sorte que l'ordre d'exécution du condamné, partira de la capitale en compagnie d'un ou de plusieurs ordres de destitution et accessoirement de quelque peine disciplinaire, d'un blâme, d'un changement de résidence frappant des fonctionnaires responsables des erreurs de leurs subordonnés.

Tel est le danger auquel la condamnation régulière d'un homme convaincu de parricide exposerait les mandarins de la province.

Les Chinois ont l'esprit fort souple ; ils sont en outre féconds en idées pratiques : le mal indiqué, prévu, les dignes magistrats surent bientôt découvrir le remède à ce mal, remède d'autant meilleur qu'il est préservatif. Et voici le raisonnement par lequel on justifie son emploi : le crime étant certain, le coupable doit mourir ; la loi veut qu'il soit mutilé d'abord, décapité ensuite ; si au lieu de ce double supplice on lui fait subir seulement la strangulation, il se trouve favorisé. A la vérité il y a strangulation et strangulation ! l'une brève, rapide, donnant la mort en quelques minutes ; l'autre plus lente, moins brusque, laissant . . coupable quelques heures d'émotion favorable au repentir ; c'est un chemin moins court, mais conduisant au même but ; le patient n'est donc pas lésé dans ses droits si on lui fait prendre une route un peu longue pour accomplir son voyage dernier. Le procédé que justifie ce raisonnement plein de sagesse et de logique, se devine aisément.

Au cours de l'instruction du procès, — instruction très rapide d'ailleurs, — une nouvelle se répand soudain dans la ville encore tout émue par le crime : — « L'accusé, le coupable, est mort en prison, il est mort *naturellement*. » — Inutile d'ajouter qu'en cette occasion la *Nature* s'est trouvée en collaboration avec un instrument de supplice. Supposez une grande cage en bois et sans fond. Le panneau de dessus est, par le milieu, séparé en deux parties glissant dans des rainures. Au centre, trois ouvertures, l'une plus large que les autres. Ayant fait entrer le patient dans cette cage on a placé sa tête et ses mains dans les échancrures, puis, après avoir solidement réuni les deux parties du panneau, on a élevé la cage : ce qui a tenu le coupable *suspendu* (1). Et dix ou douze heures plus tard la société chinoise.

1. Cet instrument de supplice se nomme *tchan-long-tsé*. Le P. Capdelaine, dont la mort fut une cause déterminante de la guerre de 1860, subit la suspension. Seulement, pour qu'il souffrit plus longtemps, les Chinois avaient très peu exhaussé la cage et le missionnaire, qui était grand et fort, dans les convulsions de l'agonie renversa l'instrument de supplice, ce qui proongea son martyre de *36 heures*.

n'avait plus rien à redouter de ce grand criminel.

S'il était possible en parlant d'un fait aussi grave de jouer sur les mots, nous dirions que la suspension du coupable évite la suspension des mandarins, car la condamnation à la peine capitale n'étant point prononcée, le Grand Conseil de la justice ignorera qu'un parricide a été commis.

Confucius, après avoir déclaré que la Piété filiale est la source de toutes les vertus, expose les grands devoirs sociaux dont les Chinois sont tenus les uns envers les autres. Ces devoirs sont au nombre de cinq. Remarquons d'ailleurs que le chiffre *cinq* joue un grand rôle dans les institutions chinoises : il y a cinq supplices, cinq saveurs, cinq tons musicaux, cinq félicités, cinq calamités. Souvent on dit les *cinq devoirs*, les *cinq tons...* pour *tous* les devoirs, *tous* les tons ; les *cinq céréales* au lieu de *toutes* les céréales.

Les devoirs sociaux, ou degrés de subordination entre les citoyens, déterminent les relations qui ont lieu entre : 1° le souverain et ses sujets ; 2° les père et mère et leurs enfants ; 3° le mari et la femme ; 4° les frères entre eux ; 5° les citoyens entre eux.

Nous avons assez longuement exposé les devoirs réciproques du souverain et des sujets ; ils se résument ainsi : protection bienveillante, direction ferme et juste ; obéissance, soumission aux lois. Nous avons dit aussi que les enfants sont tenus à un profond respect envers leurs père et mère ; ils doivent leur témoigner une déférence constante et qui apparaît dans tous leurs actes privés ou publics. Un Chinois, quel que soit son âge, ne marche pas aux côtés de son père, mais bien un peu en arrière de lui ; il ne parle à ses parents qu'à la *troisième personne*. Écrit-il à son père, il s'exprime ainsi : *à mon père sévère, son tout petit fils* ; à sa mère : *à ma clémente mère*, son tout petit fils. Désigne-t-il l'un ou l'autre, il se sert des expressions *Kiâ-fou* et *Kiâ-moû*, ce qui est une marque de déférence, le mot *Kiâ* désignant la maison, la famille ; il emploie aussi le caractère *Tâng* qui signifie *temple*, pour désigner sa mère. Il dit encore en parlant de ses parents *fou-tsin, mou-tsin*, locutions qui signifient bien le père et la mère, mais avec une nuance d'affectueux respect, car, isolément, *tsin* veut dire *aimer*. Au retour d'un voyage, un Chinois salue ses parents par le *Kô-teou*, qui est une marque solennelle de respect. Aussi longtemps que vit son père, un Chinois ne laisse pas pousser sa barbe. Nous aurons occasion, en parlant des funérailles et du culte des Ancêtres, d'indiquer certains témoignages de respect filial fort remarquables ; nous retrouverons d'ailleurs la piété filiale sous sa forme la plus heureuse, à propos du mariage et de la vie privée.

Les relations entre les époux, relations qui font l'objet du troisième grand devoir social, se trouvent en quelque sorte expliquées par le symbolisme des caractères usités pour désigner un homme et une femme mariés. On les appelle *foù-tsy* 夫妻 ou bien *fou-fou* 夫婦. Par lui-même le caractère *foù* (1) signifie secourir, *aider*. Quant au caractère *tsy* par lequel on désigne l'épouse légitime, il représente une femme s'occupant des affaires intérieures. La réunion de ces deux termes implique donc l'idée d'une association pour le bien commun, association dans laquelle chacune des parties contractantes apporte ses aptitudes spéciales. Notons que les peuples d'Asie disent dans leur langage imagé : « L'époux est le ciel de l'épouse ».

Au lieu du caractère *tsy*, emploie-t-on le carac-

1. Dans la langue *orale* le même mot peut avoir plusieurs acceptions toutes différentes ; la confusion est évitée par le ton, l'accentuation qui varie. Ainsi : 父 *fou* père est au 4e ton ; *foù* 夫 secours, époux, est au 3e ; *fou* 婦 beauté, est au 1er ton.

tère *foù* 美, qui est le signe de la *beauté*, on dira que le mariage est l'union de la force et de la grâce.

Ajoutons encore une remarque : un *mari* se dit *tchàng-foù* ; ces deux termes indiquent un grand secours, une aide puissante. Or, si au caractère *tchàng* 丈 on joint le signe de la *bouche*, on obtient un mot nouveau, *li*, signifiant *un magistrat* .

La nature des rapports qui doivent exister entre les frères se trouve aussi spécifiée par les caractères en usage pour désigner deux frères. Ils représentent : l'un, le frère aîné ; l'autre, le frère cadet. Nous distinguons dans le premier le signe la clef de *l'homme* et au-dessus le signe de *bouche :* c'est *un homme portant la parole*. L'aîné des enfants mâles est en effet le représentant du père de famille ; c'est lui qui, à la place de ce dernier, peut chaque matin saluer les ancêtres et, au nom de la famille assemblée, les invoquer pour tous. Chose remarquable, le verbe « maudire » se forme avec ce même signe de frère aîné, *hiông*, précédé de la clef de bouche.

Ainsi le frère aîné doit être respecté ; puis entre tous les enfants d'un même père doit régner un bon accord indispensable à l'harmonie de la famille, — ce petit État constitué d'après les mêmes principes que le grand État au milieu duquel il existe.

Il nous reste à dire quelques mots des devoirs des citoyens entre eux. Le symbolisme des caractères chinois nous vient ici encore en aide pour définir ces relations. Tous les sujets du « fils du Ciel » doivent être *comme des amis ayant les mêmes sentiments.* Cela est indiqué par les deux mots *pong-yèou* 朋友. Le premier de ces mots est constitué par le double signe de la lune ou *des mois* ; par lui-même, il indique l'égalité de condition et l'amitié. Dans le second, *yèou*, nous remarquons le signe *iou* 又 impliquant l'idée de secours, d'aide, *de pardon !* Les citoyens doivent donc être unis et se prêter mutuellement assistance.

Que de remarques intéressantes peut fournir le symbolisme des caractères chinois ! et combien il aide à comprendre le génie des « Cent familles » habitant le royaume des fleurs ! C'est à ce symbolisme qu'il faut attribuer le respect général des Chinois pour l'écriture : le fait de marcher sur du papier revêtu de caractères écrits à la main ou imprimés ; le fait d'employer ce papier à un usage grossier ou vil ; le fait même de *poser un livre sur un lit* devient en Chine une véritable profanation.

En indiquant à grands traits la constitution de la société chinoise, vaste et merveilleux édifice soutenu par la piété filiale, nous avons eu pour but de faire connaître la scène sur laquelle les Chinois vivent et agissent.

Cette scène serait imparfaitement décrite si nous omettions de signaler les sentiments philosophiques et religieux qui la dominent : en la dominant, ils protègent, comme 'e velum antique, la foule qui s'agite dans les larmes ou dans la joie, qui menace ou applaudit, se presse, se renouvelle sans cesse, passe et tombe dans l'Éternité !

CHAPITRE V

Entre toutes les critiques formulées contre les institutions et les coutumes des Chinois, les plus vives se sont adressées à leur religion.

Par ignorance, certains auteurs ont accusé les Chinois d'athéisme; d'autres, s'en tenant à un examen superficiel, ont contesté le monothéisme dans leurs croyances. Quelques-uns, en présence des vestiges chrétiens épars dans les livres classiques des Chinois, ont repoussé la preuve de l'existence réelle de ces vestiges parce qu'elle rendrait nécessaire, disent-ils, la supposition d'une *révélation spéciale*. Beaucoup enfin ont assuré que la doctrine de Confucius est purement philosophique et n'implique pas l'idée d'un Dieu-Providence.

Ajoutons en outre que les philosophes rationalistes de notre siècle ont cru pouvoir s'emparer des symbolismes chrétiens relevés dans les an-

ciens caractères chinois et des similitudes remarquables que présentent la doctrine des Kins avec
la doctrine chrétienne, pour affirmer que le *mora-
liste* Jésus emprunta à l'Orient l'ensemble et les
détails d'une religion *prétendue révélée.*

Comment répondre à ces accusations si diverses et si nombreuses? Nous redirons après le poète
chinois : « Je ne trouve en moi ni la force d'accomplir une pareille tâche, ni même le courage
de l'entreprendre. »

Mais si la discussion, si la persuasion, se trouvent
hors de notre portée, nous pouvons du moins
appliquer nos efforts à exposer l'état réel de la
religion en Chine ; nous pouvons tenter l'analyse
des idées religieuses répandues dans la nation ou
renfermées dans des livres qui ne sont plus compris par les païens.

Un premier coup d'œil jeté sur les doctrines
en cours aujourd'hui ne fait apercevoir qu'un
chaos, une confusion tels que le chercheur se dé-
courage. Cependant une étude plus attentive permet de distinguer les idées mères, le *corps* de
chaque doctrine. Puis, en lisant l'Y-Kin, les
œuvres de Lao-tsé et Confucius, on demeure surpris, étonné, ému...

C'est que, nous n'hésitons pas à le dire, nulle

autre part les splendeurs de notre foi, la force, la merveilleuse beauté de nos dogmes chrétiens, n'apparaissent avec une netteté plus grande que dans ces livres si longtemps méconnus des Européens.

Le chef de l'Église catholique a permis la recherche des vestiges chrétiens existant dès avant la venue du Christ. Et certes nulle étude ne pourrait montrer avec plus d'évidence la majesté, la puissance, l'immutabilité de l'Être suprême qui gouverne les mondes et nous plie à ses lois !

Comment se trouve-t-il chaque jour des hommes instruits assez inconséquents pour répandre des erreurs sur une religion, une doctrine, une langue qu'ils ne connaissent qu'imparfaitement ? Pourquoi, avant de juger la langue chinoise, un maître ès lettres, M. Renan, n'a-t-il pas cru devoir en analyser toutes les finesses ? L'illustre académicien en parle avec une conviction qui permet de le croire sinologue émérite ; au reste n'est-il pas familier avec tous les idiomes d'Orient et d'Occident ? Écoutons ses affirmations : « Suffisante pour les besoins de la vie, pour la technique des arts manuels, pour une *littérature légère et de petit aloi,* pour une philosophie qui n'est que l'expression souvent fine, *jamais élevée,* du bon sens pratique, la langue chinoise exclut toute philosophie, toute science, *toute religion ;* Dieu n'y a pas de nom... (1) »

Cette critique est peu bienveillante ; nous nous permettrons de la combattre.

Dieu a plus d'un nom dans la langue chinoise qui, mieux favorisée que les langues alphabétiques, peut *représenter* la divinité, la représenter avec ses attributs et dans l'exercice de sa puissance. Les caractères chinois dépeignent ainsi le souverain Maître : Il est l'*Unité dominant toute élévation ;* — ou bien, la grandeur suprême dominant le monde, grandeur surmontée du signe *d'un principe royal innomé,* incompréhensible (ﺀ); — il est encore le cercle qui n'a ni commencement ni fin...

Mais n'anticipons pas sur la marche régulière de notre étude, ne déroulons point les pages de l'Y-Kin, pages admirables pleines de Dieu, avant d'avoir dit ce que pensent et ce que croient actuellement les Chinois : car toutes les beautés religieuses de leurs très anciens livres sont aujourd'hui lettre morte pour les lettrés païens ; ils en ont perdu le sens parce que, disent–ils, « l'agneau n'a pas encore parlé ! »

______

1. E. Renan, *De l'origine du langage.*

Actuellement, en Chine, trois religions offi-ciellement reconnues « vivent en paix ». Ces re-ligions ou, pour mieux dire, ces trois sectes reli-gieuses ont eu pour chefs : l'une, Confucius ; l'autre, Lao-tsé ; la troisième, le fondateur du Bouddhisme, nommé Foù. A ces trois doctrines il convient d'ajouter l'islamisme, comptant envi-ron quinze millions de sectateurs ; nous ne par-lons pas du christianisme persécuté, qui s'y trouve encore *sous terre*, adopté par douze cent mille personnes seulement.

Notons tout d'abord que si les Chinois nient l'immortalité de l'âme, le philosophe Oùy-siù fut, avouons-le, un sage fort original. Il a dit en effet que les caractères anciens connus sous le nom de caractères en forme de licorne, sont *de bon augure*. Or voici l'histoire de ces caractères : Un roi de Lou, auprès duquel se trouvait Confucius, prit à la chasse une licorne vivante. Confucius vit cet animal et en conclut qu'il allait mourir, — ce qui arriva en effet. Son disciple Chên-oùy, dési-reux de perpétuer le souvenir de ce fait, composa un certain nombre de caractères rappelant la forme de la licorne. Si les Chinois ne croyaient pas à l'immortalité de l'âme, auraient-ils dit que ces caractères sont de *bon augure ?*

L'indifférence religieuse est la note exacte de l'esprit chinois. En poursuivant les chrétiens on s'attaque aux étrangers bien plus qu'aux partisans d'une religion dont l'excellence a été maintes fois reconnue soit par les magistrats, soit par les souverains eux-mêmes. La doctrine officielle est la doctrine de Confucius dont le souverain est le chef suprème et qui groupe autour d'elle tous les lettrés, tous les hommes intelligents. A vrai dire, Confucius n'a point établi une *religion* dans le sens exact du mot, car une religion suppose un dogme et un culte. Le dogme de l'existence d'un Dieu, unique et providence, se trouve très nettement indiqué dans les œuvres du philosophe ; mais n'ayant pas été présenté comme une croyance religieuse, obligatoire, il a perdu son caractère propre et n'existe actuellement dans la société qu'à l'état d'axiome que l'on ne discute guère et dont on s'inquiète peu. Quant au culte extérieur, il n'existe pas, puisqu'il n'y a pas pour les Confuciens de classe sacerdotale.

Pékin possède un *temple du Ciel* où deux fois chaque année, puis aussi en cas de malheur national, l'Empereur invoque, remercie ou tente de fléchir le *Seigneur du Ciel.*

Confucius s'est borné à proposer l'observance des antiques coutumes et les règles d'une sage morale. Tous ses avis ont eu pour but de remettre en vigueur la pratique des devoirs principaux et, entre tous, du devoir de piété filiale. Nous avons dit qu'il regardait cette vertu comme la base de toute doctrine sage, prudente, durable, et comme la source de toutes les autres vertus. Les développements et les règles qu'il lui donna, ont transformé ce devoir moral en devoir religieux sur lequel s'édifia une véritable religion : religion privée dont les ancêtres de la famille sont les dieux, dont la maison paternelle est le temple, dont le chef de la famille est le ministre en même temps qu'il est aussi le représentant des ancêtres.

Aucun acte important de l'existence ne s'accomplit sans que les aïeux soient conviés à protéger leurs descendants. La naissance, le mariage et la mort sont autant d'occasions dans lesquelles on invoque solennellement les ancêtres ; mais chaque jour, matin et soir, la famille réunie autour de leur autel sollicite leur assistance. Un fils demandant à son père, qui déjà l'a précédé dans la mort, de le guider dans la vie, de le bénir et d'intercéder pour lui auprès du Maître suprême : est-il rien de plus touchant, est-il rien de plus chrétien? Et si l'hommage rendu aux ancêtres n'avait dégénéré en une réelle idolâtrie, nul parmi nos missionnaires n'aurait condamné une coutume si respectable. Mais aujourd'hui les ancêtres ne sont plus des *intercesseurs :* ils sont eux-mêmes des dieux que l'on invoque.

Chaque famille a son autel domestique. Cet autel n'est pas, comme on pourrait le supposer, établi dans une sorte de sanctuaire ou du moins dans une pièce réservée aux seuls membres de la famille. Il se trouve, comme autrefois le *focus* à Rome, dans la pièce centrale de la maison, pièce où l'on se réunit, où se prennent les repas, où l'on reçoit les visiteurs. Cependant les personnes opulentes ont en outre une pièce consacrée au culte des morts et désignée sous le nom de *temple des Ancêtres.*

A la campagne, dans les villages, lorsque les personnes vivant sous le même toit sont très nombreuses, le salon où l'on dresse l'autel se trouve assez reculé, mais on y accède toujours directement. Les agrandissements successifs des maisons s'obtiennent en effet par l'adjonction *d'ailes* à droite et à gauche du bâtiment principal, ce qui produit des cours intérieures. Ces agrandissements ne semblent pas hors de propos lorsqu'on sait que souvent mille ou quinze cents personnes vivent réunies.

L'autel domestique est placé en face de la porte principale ; il est exhaussé de quelques marches. Il supporte trois ou cinq statues, généralement en bois doré, représentant des idoles ; au milieu, un cadre richement orné contient la *tablette des Ancêtres*, c'est-à-dire une feuille de papier rouge sur laquelle sont inscrits le nom des aïeux et la mention des actes principaux par lesquels ils se sont illustrés dans la vertu, les lettres ou les armes.

A droite et à gauche de la tablette, plusieurs chandeliers, munis de bougies en cire végétale teinte en rouge ; à gauche de l'autel, une cloche ; en avant, un vase en porcelaine ou en métal garni de cendres dans lesquelles on enfonce des *verges odorantes*, c'est-à-dire de longues chandelles imprégnées de diverses essences parfumées. Sur le mur auquel est adossé ce petit édifice, sont appendus des cartouches en fort papier de couleur ou en étoffe et portant, inscrites en lettres dorées, des maximes philosophiques et morales. Le cartouche du milieu contient une sorte de dédicace au Ciel, à la Terre, aux Esprits du Ciel et de la Terre, à l'Empereur.... Dans les familles chrétiennes la tablette des Ancêtres est rempla-cée par la *tablette du vrai Dieu* composée par le célèbre Empereur *Kang-Hy*, et le cartouche central porte une dédicace à Dieu.

Chaque jour, matin et soir, le chef de la famille ou son futur successeur monte à l'autel, fait par trois fois le grand salut *Ko-téou*, allume les cierges, brûle des verges odorantes et, frappant en cadence sur la cloche avec un maillet de bois, il psalmodie, en présence de la lignée des Ancêtres, quelque prière ou invocation aux génies tutélaires. Il brûle enfin quelques morceaux de papier *imitant* l'ancien papier-monnaie, offerts aux morts pour solder leurs dettes dans l'autre vie.

Le P. Amyot a traduit l'hymne aux Ancêtres ; sa traduction est élégante et poétique, mais l'original ne lui cède en rien. Cet hymne n'est pas privé, il se chante au nom de l'Empereur pendant les grandes cérémonies que le souverain accomplit dans le Temple du Ciel au printemps et à l'automne. Voici quelques vers de ces strophes remarquables composées en 1122 av. J.-C.

Lorsque je pense à vous, ô mes sages aïeux !
Je me sens élevé jusqu'au plus haut des cieux.
Là, dans l'immensité des sources éternelles
De la solide gloire et du constant bonheur,

Je vois avec transport vos âmes immortelles
Pour prix de leur vertu, pour prix de leur valeur,
    De délices toujours nouvelles
    Goûter l'ineffable douceur.
Si malgré mes défauts et mon insuffisance
        Les décrets de la Providence
        M'ont placé au plus sublime rang,
C'est parce que je suis de votre auguste sang.

. . . .

Quand pour donner carrière à ma reconnaissance
Conduit par le devoir, je me rends en ces lieux,
    J'y jouis de votre présence,
Vous descendez pour moi du séjour glorieux.

. . . .

Je viens de retracer dans ma faible mémoire
Les vertus, les travaux, les mérites sans prix
De ces sages mortels qui parmi les Esprits
Sont placés dans le ciel au faîte de la gloire.
Ils tiennent à mon cœur par les plus forts liens,
Ils m'ont donné le jour, je possède leurs biens
Et plus encore... je rougis de le dire,
Moi chétif, après eux, je gouverne l'Empire.
        Le poids d'un si pesant fardeau
        Me ferait trébucher sans cesse,
Si le ciel ne daignait soutenir ma faiblesse
        Par un secours toujours nouveau ..

Il ressort de cet hymne que dans l'esprit des anciens Chinois les ancêtres étaient *associés* à la gloire du Maître du Ciel, mais non confondus avec ce maître même. Voilà donc le témoignage irrécusable d'une croyance en un Dieu-Providence, témoignage datant de cinq siècles avant l'apparition de Confucius. Lors donc que ce philosophe proposa de rendre aux aïeux un hommage constant, il n'innovait rien, et cet hommage ne touchait par aucun point à l'idolâtrie.

Les cérémonies pendant lesquelles on chante l'hymne solennel sont très touchantes.

Le 5 avril, l'Empereur accompagné de ses fils et des premiers ministres se rend au temple du Ciel. Par trois fois le souverain, imité par toute sa suite, fait devant l'autel le grand salut chinois ; puis la cloche sonne et l'hymne retentit dans le temple ; une musique douce et triste accompagne le chant. La cloche de Pékin pèse *soixante mille kilogrammes ;* elle fait entendre au loin « la voix de l'Empereur » et porte jusques aux nues la prière et les hommages du chef de la société. Elle vibre encore et le cortège, sortant du temple se rend dans un champ voisin. Avec une charrue d'argent, l'Empereur trace *trois* sillons qu'il ensemence ensuite avec du riz, du blé, du sorgho et autres céréales de la Chine. Lorsqu'il y a un prince héritier, il trace et ensemence de même *cinq* sillons et les ministres *neuf.* Après quoi le cortège rentre au palais.

Le champ dans lequel s'est accomplie cette cérémonie est gardé par un mandarin. A l'automne, les céréales mûres, l'Empereur vient, dans le même appareil, remercier Dieu d'avoir pourvu à la nourriture du peuple. Il lui consacre la moisson faite dans le champ réservé, moisson dont on distribue une partie aux pauvres.

Par suite du labour impérial, la classe des agriculteurs se trouve honorée. Notons qu'il existe en Europe un usage chrétien qui tend aussi à honorer particulièrement l'agriculture : En Italie, dans certaines localités, le jour de la Chandeleur, après l'office solennel, on distribue aux fidèles de petites *bougies bénites*. Les premiers appelés à recevoir ces bougies sont les laboureurs — *ibifolchi*. — Ces analogies de sentiments, si faibles qu'elles soient, présentent toujours un certain intérêt lorsqu'elles marquent une communauté d'idées entre deux peuples très éloignés l'un de l'autre.

Les retours périodiques du printemps et de l'automne ne sont pas les seules occasions dans lesquelles le souverain de la Chine invoque le *Maître du Ciel* et sollicite sa protection pour le peuple entier. Le même empereur, Hiao-Ouenty, régnant de 179 à 156 av. J.-C., qui institua la fête de l'agriculture, continua aussi l'usage de la *confession publique* du chef de l'empire, lequel remonte à 2000 ans avant J.-C; cet usage s'est perpétué jusqu'à aujourd'hui et a pour but d'apaiser la colère céleste en temps de calamité. Cette confession révèle une croyance religieuse bien éloignée du matérialisme dont on accuse les Chinois !

Voyez cet homme, vêtu d'habits de deuil, prosterné à deux genoux sur la rive d'un fleuve ou dans une forêt : c'est le chef de cinq cents millions d'hommes, c'est l'Empereur devant qui les plus grands, les plus illustres du royaume courbent le front. Que fait-il, que dit-il? Il s'humilie devant le **Seigneur** du Ciel, il avoue ses erreurs, il accuse son indignité, il sollicite de porter seul le poids de ses fautes, d'être **seul frappé** par la justice divine et que son peuple cesse de **souffrir.** « O ciel! dit-il, ta colère s'appesantit sur nous, ta malédiction s'étend sur le royaume entier. Et cependant, comme l'eau prend la forme du vase qui la contient, comme elle en prend la saveur amère, si le vase est amer, ainsi le peuple n'est indigne que de ma propre indignité, coupable que de mes propres fautes. Ai-je suivi la trace de mes aïeux? Ai-je marché dans la voie tracée par les sages empereurs Chun et Yao? Ai-je résisté à toute passion, vaincu toute faiblesse, repoussé loin de moi toute idée injuste? Si j'avais rempli avec prudence tous les devoirs de ma

charge suprême, si je n'avais négligé dans quelqu'une de ses parties le mandat que tu m'as con-
fié, ton courroux serait-il déchaîné contre l'empire? Et maintenant, prosterné devant toi, si grand
et si puissant, moi l'indigne, moi l'infime, moi le
tout petit... je te supplie de mettre un terme
à tes rigueurs. Frappe ton mandataire, épargne
mes sujets; punis le coupable, ménage les innocents! »

La confession publique du monarque est d'autant plus remarquable que le décorum chinois
entoure l'Empereur d'un respect si grand, si
rigoureux et donne à ce respect une forme si
humble pour ceux qui l'expriment, que les ambas-
sadeurs européens ne veulent pas se soumettre
au cérémonial en vigueur à la cour et par suite
de ce refus ne voient pas le chef de l'État.

Il y a donc lieu de croire que la puissance et
l'autorité du Ciel sont bien établies aux yeux des
Chinois, puisque le maître en présence duquel on
se met à genoux, le front courbé jusqu'à terre,
prend lui-même cette humble posture devant le
Seigneur du Ciel.

Au reste, l'idée qu'une pénitence volontaire
est indispensable pour fléchir la colère céleste
se trouve répandue dans le peuple. Au milieu du

péril, en cas de pressant danger, quand la séche-
resse ou les pluies trop abondantes comprometent les récoltes, les mandarins ordonnent au
peuple de *s'abstenir de viande;* les boucheries
demeurent fermées aussi longtemps que dure le
péril; tout commerçant qui tenterait de contrevenir à l'édit serait frappé d'une amende. Le fait
même d'une insoumission de cette nature est
exceptionnel, parce que tout Chinois se considérant comme intéressé au succès de la pénitence
publique, bien peu consentiraient à le compromettre soit par une désobéissance personnelle,
soit en se rendant complice d'une infraction à
l'édit.

Le culte des Ancêtres, les cérémonies impériales au temple du Ciel, la confession du souverain, les pénitences publiques... nous paraissent
autant de preuves irrécusables d'une croyance
certaine et actuelle en l'immortalité de l'âme,
comme aussi en l'existence d'un maître suprême
gouvernant tout à son gré.

Relativement à l'âme, Confucius s'est exprimé
ainsi : « L'homme est distingué de tous les êtres
visibles par la faculté intellectuelle qui le rend
capable de raisonner; et c'est immédiatement du
Ciel qu'il reçoit cette faculté précieuse. »

La double croyance que nous signalons se trouve dans la société chinoise enserrée, étouffée, dénaturée en quelque sorte par des idées contraires à la religion primitive qui l'a produite.

Les ancêtres ne sont plus seulement des morts dont la mémoire doit être pieusement conservée et dont on peut solliciter l'intercession ; ils sont eux-mêmes, pour peu que leur étape sur la terre ait été marquée de quelque fait important, ils sont des héros, des demi-dieux, des idoles.

Il y a les esprits gardiens des portes de la maison, des portes de la ville ; les esprits protecteurs des voyageurs sur les routes ; les déesses invoquées spécialement par les femmes ; les dieux spécialistes guérisseurs de tels ou tels maux... Le besoin d'une représentation extérieure de la divinité est tellement impérieux pour l'homme, qu'il recherche, partout où il croit les rencontrer, les éléments d'une religion *tombant sous les sens*. Les Chinois ne devaient pas être exempts de cette imperfection humaine.

Si la doctrine de Confucius est restée la doctrine de la partie la plus intelligente de la nation, elle a cessé d'être celle du vulgaire qui lui a préféré le Bouddhisme, étrange composé de légendes merveilleuses, de pratiques ridicules et de vestiges de vérité, épaves d'une révélation oubliée ou méconnue.

Mais hâtons-nous de le dire à l'honneur de la société chinoise, le bouddhisme est méprisé par les lettrés. Les bonzes ne jouissent d'aucune considération. Cette réprobation est si fortement accusée, que les souverains tartares, appartenant comme hommes et privément au culte bouddhiste, suivent officiellement la doctrine de Confucius.

CHAPITRE VI

DOGMES CHRÉTIENS EN CHINE AVANT L'ÈRE CHRÉ-
TIENNE. — UN VIEUX CHINOIS. — MÉSAVENTURE
D'UN MANDARIN.

Au début du chapitre précédent nous avons
dit que les grandes lignes de la religion chrétienne sont tracées dans les anciens livres philosophiques des Chinois. Il convient de préciser
cette affirmation condamnée par quelques catho-
liques de bonne foi, mais imbus de l'idée fausse
que le christianisme n'a pas été révélé avant la
venue du Christ. Le Verbe de Dieu existant de
toute éternité, la loi qu'il devait expliquer aux
hommes ne pouvait-elle donc être entrevue par
ceux-ci antérieurement à l'heure du Sacrifice
éternel?

Les passages des livres classiques se rapportant aux dogmes chrétiens et les caractères qui
dépeignent ces dogmes sont nombreux. Ils appar-

tiennent à l'Y-Kin, au Tao-te-Kin et au Chou-Kin. Le premier de ces livres peut être attribué à Énoch; le second à Lao-tsé; le troisième est l'œuvre de Confucius.

N'est-il pas vraiment remarquable qu'à l'heure où les passions se déchaînent en Occident contre la religion chrétienne; à l'heure où les grandes vérités de cette religion, ses enseignements sublimes, ses promesses consolantes, sont traitées de « propos de vieilles femmes bons pour des enfants »; n'est-il pas remarquable qu'à l'extrémité du *vieux* monde païen se lève un défenseur qui repousse les accusations portées contre le christianisme par une société chrétienne?

Que dit-on dans cette société? La création, le peuple hébreu, la loi primitive, ont eu pour historien un Hébreu même. Législateur, Moïse a *prétendu* que sa loi était révélée; historien d'événements et d'hommes antérieurs à sa naissance, il a donné libre carrière à son imagination. Et Jésus? Jésus, roi sans royaume, pasteur sans troupeau, a emprunté ses enseignements à la philosophie et à la morale déjà en cours chez les peuples au milieu desquels il a vécu.

Et voici qu'ayant forcé les Chinois à sortir de leur torpeur, nous sommes amenés à étudier leurs mœurs, leurs livres. Et ces livres inconnus en Europe jusqu'au siècle dernier, antérieurs de plusieurs siècles à l'époque de la Rédemption, prophétisent un saint, *tout ensemble vrai homme et vrai Dieu*, naissant d'une vierge. Ces livres annoncent une loi faite de charité et d'amour qui s'étendra sur le monde entier, après que le Saint dont elle émane *sera entré dans la croix.* 入 十

On a dit que le P. de Prémare, qui révéla le symbolisme chrétien de certains caractères chinois, a traduit ces caractères — ces hiéroglyphes — pour les besoins de sa cause. Mais, que les accusateurs étudient à leur tour la langue chinoise, qu'ils pénètrent le secret des caractères anciens et modernes, puis qu'ils jugent; qu'ils jugent non pas avant, mais après l'étude !

On lit dans le Tao-te-Kin de Lao-tsé : « La première personne divine est l'Unité ; l'Unité engendre la deuxième personne ; la première et la deuxième engendrent la troisième ; *trois* a tout produit (1). La raison suprême n'a pas d'égale, donc elle est une. »

Le savant disciple de Lao-tsé, Tchouâng-tsé qui vivait vers 363, s'exprime ainsi : « La pre-

1. 道生一 o 一之生二 o 三生三 o 三生萬物 o (Tao-te-Kin, l. II, ch. 42.

mière personne engendre son Verbe et fait avec
lui non deux êtres, mais deux personnes. Lao-
tsé dit encore : « Au sujet des Trois, en vain in-
terrogez-vous vos sens, ils ne peuvent rien vous
répondre. Cherchez avec la seule intelligence et
vous comprendrez que ces trois points sont joints
ensemble et ne font qu'un (1) ». Ce que See-ma-
Kouang explique ainsi : « La bouche ne peut dire
ce mystère, les lèvres ne peuvent l'exprimer; il
faut chercher à le comprendre par la seule intelligence (2). »

Ajoutons encore ces étonnantes paroles de Tsé-
hoa-tsé : « Par *y* (—, unité) est indiqué Celui qui
est souverainement *un*; par *eul*, (二 deux) Celui
qui est co-participant; par *san* (三 trois) Celui
qui convertit. *Un* est comme la racine; *deux*
comme le tronc; *trois* est l'Esprit. De là cet
axiome : tout a été fait par le *un*, érigé par le *deux*,
perfectionné par le *trois*. »

Après ces textes si concluants et si curieux
dans leur netteté, il nous paraît inutile de chercher d'autres preuves de cette affirmation: les
kins renferment l'idée d'un Dieu unique, *un en*

---

1. La Trinité exprimée par des points se représente ainsi : ...,
ou .·., ou encore ... qui joints ensemble ont donné l'*unité*. —
2. 口不能言書不能傳。常求之以神。

trois personnes. Remarquons seulement le caractère *tchoù* 主, par lequel on désigne communément le Seigneur du Ciel, Tien-tchoù : ce caractère est formé par *trois unités* reliées entre elles, constituant le terme *ouang* 王, *roi*, et surmontées du point 丶 qui indique la *divinité* : très anciennement le *point* se prenait à lui seul pour le caractère tchoù 主. Il est dit encore en d'autres textes que le Seigneur du Ciel est *Roi par lui-même,* qu'il EST par lui-même.

Maintenant examinons comment les livres par excellence, comment entre tous l'Y-Kin, a présenté la deuxième personne de cette divinité unique.

Le cinquantième symbole de l'Y-Kin donne ces mots : « Le saint homme établit un banquet par lequel il peut offrir au Seigneur un sacrifice agréable. » Lao-tsé composa un livre entier pour enseigner les voies du *Tao* et du *Te,* c'est-à-dire *de la Parole et de la Vertu.* Qu'est-ce donc que ce *Tao?* Stanislas-Julien le traduit tantôt par *voie,* tantôt par *parole,* ou bien encore par.. *tao* ; A. de Rémusat par *raison* ; Pauthier par *voie, principe, raison.* Le signe *tao* est un des caractères les plus remarquables que l'on puisse rencontrer dans les caractères symboliques chinois; il est un de ceux qui touchent à la personne même du Rédempteur. Et certains textes n'offrent plus de sens si l'on s'obstine à ne pas voir en lui un vestige du christianisme.

Formé par le signe de l'intelligence et de la marche, *tao* signifie tout ensemble : le chemin, la raison, la vertu, enseigner et *parler*. Le P. de Prémare en traduisant *tao* par *parole* lui a donné le sens exact qu'il comporte dans le texte de Lao-tsé : « La parole exprimée par la parole n'est pas la parole Éternelle. »

Ne croirait-on pas entendre saint Augustin s'écriant : « La Parole qui retentit dans le temps et qui passe, n'est pas la parole Éternelle. »

Le *tao* n'est donc pas la Raison suprême ; il est le VERBE ÉTERNEL ; il est la source de tout, le grand moteur, le principe toujours agissant, la parole qui retentit de toute éternité et dans l'Éternité !

Dans le texte que nous venons de citer, *tao* doit sans aucun doute être traduit par *parole*. Mais si le sens général d'un autre texte exigeait qu'il fût traduit par *voie*, devrait-on en conclure que *tao* cesse d'être le symbole du Christ? Non, certes! car le Christ même a dit : « Je suis *le Chemin qui marche* ; je suis *la Voie, la Vérité et la Vie*. »

Notons enfin une remarque du P. de Prémare au sujet du *tao* 道 ; très anciennement ce terme s'indiquait uniquement par le *Cercle*, symbole de l'Éternité.

Six cents ans avant l'ère chrétienne, le philosophe Kouen-yûn-tsé écrivait: « Le Ciel, la loi, l'esprit et la profondeur cachée, sont contenus dans le seul mot *tao*. » Le Ciel est saint, *mais sans voix*, dit une glose du Chou-kin ; le Saint est le Ciel, mais *parlant*.

Le Saint-Homme, *cheng-jèn*, qui a la parole, l'entendement, et qui porte un lourd fardeau, est nommé aussi par Lao-tsé l'*homme divin*, l'homme de l'Esprit, *chenn-jen*. Les interprètes de Lao-tsé estiment que par Saint-Homme 聖人, on indique ce qui est visible, manifeste en lui; tandis que par Homme-Divin 神人, on exprime ce qui est invisible.

Confucius nomme le Saint dont il annonce la venue, CET *homme* ; et, dans l'Y-Kin, on trouve le terme *y-jen*, UN *homme*, employé pour désigner le fils du Ciel.

Mais voici un passage et un caractère plus remarquables encore et qui nous conduiront jusqu'à l'idée de sacrifice éternel. Confucius a dit: « L'homme dont j'occupe ma pensée, c'est l'*homme Beau*, c'est l'homme bon et doux de l'Occident, *mèi-jen*. » Or le caractère *mèi* 美 est formé par le signe de la grandeur, 大 supportant le signe *iàng* 羊 qui veut dire AGNEAU. Cet homme beau et bon de l'Occident est donc un *homme agneau*. On le représente aussi comme le Dieu-homme ou comme le *deuxième homme*, eul-jen 二 人. Faut-il voir dans cette dernière dénomination un rapprochement entre Adam et Jésus ? Se rapporte-t-elle seulement à Jésus, deuxième terme de la Trinité divine ? Toujours est-il que le caractère exprimant la bonté de cœur, l'humanité, la charité, se compose des mêmes traits écrits dans un autre ordre et se prononce *jenn* 仁.

Ainsi donc l'antiquité chinoise attendait un Saint, un homme-Dieu, un homme bon, un agneau. Elle le désirait, ainsi qu'en témoigne Meng-tsé, cinq siècles avant l'ère nouvelle, « comme des herbes desséchées qui ont besoin des nuées et de l'arc-en-ciel(1). » Cette expression, dit le P. de Prémare, « a quelque chose d'admirable en ce que le caractère de l'arc-en-ciel et celui de nuées offrent dans leur décomposition :

1. Meng-tsé, 1, 2, n° 42.

le *Verbe, un petit enfant*, descendant du ciel comme une pluie ! »

Ce Saint, comme tous les héros chinois, naîtra d'une vierge. La maternité miraculeuse de quelques Vierges était admise sans conteste par les anciens ; et de nos jours encore, les philosophes chinois reconnaissent que certains de leurs grands hommes, *Heou-tsi* et *Sie* par exemple, ont été fils du Ciel en ce sens que les vierges dont ils naquirent devinrent mères par la seule puissance du Ciel. Au reste il n'est dit d'aucun de ces fils de vierges qu'il soit *dieu* et c'est là une différence remarquable entre les légendes chinoises et les grands poèmes de l'Inde. Ces légendes ont seulement perpétué la croyance que des hommes sortant, par leurs vertus et leur science, de la voie commune à tous, ont pu devoir la vie à une cause surnaturelle.

A côté des récits merveilleux qui précédèrent de plusieurs siècles la venue du Messie, se trouve une sorte de culte rendu dans le Chan-tong, sur la montagne de la Paix, à une vierge-mère, *fleur d'Occident, mère du Ciel.*

L'origine de ce culte ne semble pas remonter à plus de quinze cents ans. On est très fondé à croire qu'il fut introduit en Chine à la suite du concile d'Ephèse tenu en 431, concile auquel assistaient des prêtres d'Orient (1).

La vierge-mère de la montagne de la Paix est invoquée comme *médiatrice* entre les hommes et le Ciel. Un nombre considérable de figurines, en terre ou porcelaine, représentant des enfants, entourent l'autel sur lequel est placé la statue. Tout dans cette vierge de race royale, mère du Ciel, reine et médiatrice, tout contribue à prouver que c'est bien à la mère du fils de Dieu, à la Vierge Marie, que s'adressent les hommages du peuple chinois, sans toutefois que ce peuple établisse un rapport entre cette *Fleur d'Occident* et le *Saint d'Occident*.

Ajoutons que dans presque toutes les provinces de l'empire on voit sur les routes et les ponts de petites niches ornées de statuettes représentant la Vierge mère, *Kouan-yn*, et autour desquelles s'accumulent des ex-voto de tous genres, particulièrement des souliers de femme.

Nous pourrions multiplier les indications de caractères symboliques se rapportant aux dogmes chrétiens : détournés depuis longtemps de leur sens réel qui ne peut plus être compris par les

1. Le R. P. Perny a consigné cette opinion dans les Vestiges du P. de Prémare.

païens, les symboles de l'Y-Kin ont tous pour objet *le Saint qui doit venir*.

Mais, d'une part, cette accumulation de preuves semblerait peut-être fastidieuse ; d'autre part, il est aussi difficile à l'auteur d'exposer nettement le symbolisme sans produire les caractères primitifs, qu'il est pénible au lecteur totalement étranger à la langue chinoise, de soutenir longtemps son attention sur ces mêmes caractères. Nous bornerons donc sur ce point notre étude aux indications déjà données et à quelques remarques sur l'*Agneau* et son sacrifice.

Aux temps anciens les Chinois avaient coutume de s'interroger mutuellement sur *l'agneau*. Ne vient-il pas, n'a-t-on point de ses nouvelles ? disait-on. Un critique chinois qui a consacré sa vie à l'étude des anciens caractères (1), constate cette coutume mais en cherche vainement le sens. Il n'en découvre qu'un seul, assez grotesque. « C'est, dit-il, parce que les agneaux *sont mous* » ; de sorte qu'en s'interrogeant sur l'agneau, les anciens auraient eu simplement en vue de s'informer si leurs amis, leurs connaissances avaient « le cœur mou comme l'agneau, car on est triste lorsque le cœur est mou ! »

1. Tchang-tsien.

En réalité les anciens s'informaient si l'Agneau, le Saint, n'était pas venu ; cette interprétation est confirmée par le fait de l'envoi d'une députation dans l'Inde, sous l'empereur Hiao-Mîn-ty, vers l'an 60 de Jésus-Christ ; les députés avaient ordre de découvrir le Saint d'Occident que Hiao avait vu en songe. Mais ils ne descendirent pas assez avant ; arrêtés par les Bouddhistes, trompés par eux, ils se crurent en possession de la vérité et ramenant quelques bonzes, ils introduisirent en Chine la secte qui devait à plus d'un titre nuire à la société chinoise.

Comment s'indique, aujourd'hui encore, le trouble de l'âme ? par le signe du *cœur* associé à celui d'un fils ou d'un *sage supportant la vie* ou une moisson.

Comment s'exprime la colère, la haine ? par le signe du cœur associé à un bouclier divin en quelque sorte écrasé par la terre.

Il y a plus ! Voici l'Agneau se donnant en nourriture aux hommes. Voyez l'Homme enfermé dans une sorte de prison ; voyez ce prisonnier placé dans un vase et ce vase sur un autel. Ce caractère antique n'est-il pas une image de notre Eucharistie ?

Ce saint, Homme et Dieu à la fois, est mort ; il

s'est offert en sacrifice *pour le bien et l'avantage de ses inférieurs,* « il a passé le grand torrent, il est *entré dans l'arbre,* entré dans la croix, pour que la doctrine du bois parvienne à tous. »

On admettra sans difficulté que, par extension, la doctrine *du Bois* puisse être la doctrine *de la Croix.* Mais peut-être n'a-t-on pas présent à l'esprit que l'Église chrétienne elle-même, surtout aux temps primitifs a souvent désigné la Croix par le seul mot *bois.* On trouve cette expression dans la remarquable « salutation à la Croix » en langue syriaque qui était en usage à Antioche. Nous croyons devoir indiquer sommairement un passage de cette salutation :

« *Au sommet du bois,* l'église a vu l'Agneau vivant... Au jour du couchant (*occasus,* vendredi) Adam étendit ses mains, il reçut la pomme et, par elle, la mort : c'est aussi au jour du couchant que Jésus étendit les mains *sur le bois* pour nous donner la vie...

« Réveillez-vous, pontifes ;... réveillez-vous, rois et prophètes ;... réveillez-vous, morts des siècles passés ;... réveillez-vous, vous tous qui dormez l'éternel sommeil, réveillez-vous et voyez le Fils de Dieu *suspendu au bois !...* »

La doctrine du bois, *mou tao* 木道, est la même

que la *doctrine d'amour* 仁 德. Tout cela est contenu dans l'Y-Kin, particulièrement dans le symbole 42.

Admirable et merveilleuse prédiction de la venue et de la mort du Sauveur, médiateur suprême, reliant éternellement la terre au Ciel par l'arbre de la croix ! Quelles doivent être la satisfaction, la surprise, l'émotion des lettrés chinois qui, devenus chrétiens, embrassent tout à coup l'ensemble de ces symboles et découvrent que la Foi chrétienne leur propose l'antique Foi de leurs pères, qu'ils peuvent désormais imiter le Saint, non plus tel que le pressentaient leurs aïeux, mais tel qu'il s'est manifesté aux hommes !

L'interprétation du caractère Jênn 仁 a été critiquée par M. E. Simon, ancien consul en Chine, qui d'ailleurs déclare ne pas connaître le chinois.

Nous ne prétendons pas combattre son appréciation ; tout au contraire. Nous la retenons comme une confirmation du jugement porté par le P. de Prémare sur ce caractère.

Cette critique peut sembler singulière :

« Le P. de Prémare, dit M. Simon, croit voir la désignation de la personne de Jésus-Christ dans un caractère qui pour tout Chinois NE SIGNI-

FIE QUE *l'homme unique*, l'homme universel, l'humanité dans son ensemble... »

Qu'est-ce donc que ce caractère pourrait indiquer se rapportant mieux à la personne de Jésus-Christ ? Pour nous, chrétiens, la personne de Jésus n'est-elle pas le type de l'union parfaite des deux natures divines et humaines, et Jésus n'est-il pas pour nous aussi, d'une part vrai Dieu, d'autre part vrai homme, homme unique. homme universel, en un mot l'*Homme* ?

Nous remarquons en outre que les dictionnaires chinois donnent au caractère *Jénn* une signification plus complète. *Jénn* n'exprime pas tant la nature humaine *physique* que le sentiment d'humanité, la *commisération*, la charité ; puis encore il signifie la graine du fruit, *qui contient le germe de vie.*

La connaissance de la langue chinoise ne nous semble pas être inutile pour l'interprétation des doctrines du peuple des Cent familles — ainsi que le pense M. Simon. Nous avons même la naïveté de croire que la connaissance de cette langue peut être utile à un diplomate. Si nous ne nous trompons, à la suite de l'expédition franco-anglaise, elle eût évité une surprise à l'un de nos ministres plénipotentiaires. Comme le fait auquel

6

nous faisons allusion a été favorable aux intérêts de la France, il ne convient pas de le critiquer. Mais peut-être serait-il dangereux de compter toujours sur l'initiative courageuse et intelligente des interprètes.

Pour ce peuple fidèle aux coutumes anciennes, pour ces fils respectueux des idées de leurs pères, la connaissance des rapports certains existant entre les Livres par excellence et le Christianisme serait comme une force irrésistible qui entraînerait les foules vers la Croix. Reconnaissant l'arbre de vie dans les symboles de l'Y-Kin, ils se grouperaient sous son ombre.

Notons un dernier symbole, bien remarquable : le caractère générique des arbres, du bois, se compose *d'une croix à laquelle un homme est attaché*, 木.

Une des conséquences pratiques les plus précieuses de la prescience des dogmes divins par l'antiquité chinoise, est la facilité de la conversion des Chinois qui veulent bien consentir à écouter la parole de Dieu. A peine la lumière a-t-elle lui à leurs yeux, qu'ils s'en trouvent comme inondés. Aussi, loin d'effrayer ceux qui ont persévéré dans la Foi jusqu'au baptême et la confessent devant les tribunaux païens, le martyre leur paraît, comme aux apôtres nés dans l'Église, une faveur inappréciable. Chaque année plusieurs d'entre eux donnent l'exemple d'une admirable confiance en Dieu et supportent sans plainte, sans regret, de cruelles tortures infligées dans le but d'obtenir leur apostasie.

A Souy-fou, dans le Su-tchuen, un jeune homme de trente ans, néophyte chrétien, fut condamné à porter perpétuellement la *cangue* et cela à cause des nombreuses conversions qu'il opérait (1). Cet homme dont les annales chrétiennes conservèrent le nom, Yang-pin-ho, demeura *cinquante ans* revêtu de l'instrument de supplice, sous la porte de la ville. Sa patience et sa constante fermeté contribuèrent à la conversion d'un grand nombre de Chinois. Il mourut à l'âge de quatre-vingts ans, vénéré de tous ceux qui l'avaient connu — même des païens.

Parfois il arrive que Dieu donne une foi spontanée à des Chinois, qui jamais n'ont entendu parler de la religion du *Seigneur du Ciel*. Un de ceux-ci, comme autrefois Alexandre, rêva qu'il

1. La *cangue* est un grand plateau en bois, percé d'un trou au travers duquel passe la tête du patient. Pour le placer, on écarte les deux parties du plateau, qui se réunissent autour du cou et sont ensuite rivées l'une à l'autre.

voyait un vieillard à barbe blanche, offrant le saint sacrifice. Dans son rêve il crut entendre l'ordre de se rendre à une petite ville distante du bourg d'environ dix jours de marche. Il devait y rencontrer des apôtres de la religion inconnue. Dès le matin, sous un prétexte futile, cet homme entreprend le voyage. Ne sachant à qui s'adresser, n'osant interroger personne, il se contenta d'observer, mais sans succès; il revint chez lui. Le lendemain de son retour, même rêve; même voyage, même insuccès. Enfin, lorsque pour la troisième fois et tout découragé, il s'apprêtait à quitter encore la ville des apôtres, il interrogea un homme assis près de lui dans l'hôtellerie : cet homme était le chef des catéchistes de l'endroit.

Autre exemple de persévérance : un Chinois, après avoir reçu les premières notions de la doctrine chrétienne, allait être baptisé, lorsqu'une des tourmentes si profondes et si nombreuses qui dévastent les chrétientés, s'éleva dans la province. *Cinquante années* s'écoulèrent sans que cet homme, devenu un vieillard de quatre-vingt-cinq ans, vît un chrétien.

Un jour, le hasard — ou pour mieux dire la main de Dieu — conduisit chez ce vieillard le chef de la mission fuyant la présence d'un mandarin. Le vicaire apostolique, vêtu comme un Chinois, ne pouvait être tout d'abord reconnu. A peine commençait-il à prendre quelque nourriture, que le vieillard se jetait à ses pieds et lui demandait le baptème : le signe de croix que le missionnaire venait de faire avait révélé sa qualité de chrétien. Le vieux néophyte avoua que chaque jour, depuis cinquante ans, il demandait à Dieu la grâce de ne pas mourir sans avoir reçu le baptème : son ardente prière fut exaucée ; il mourut peu d'heures après qu'il eut été baptisé. Toute sa famille embrassa spontanément le christianisme.

Ici trouveraient place certains détails relatifs aux remarquables et miraculeux moyens de conversion dont la Providence dispose. Mais notre société semble avoir bien changé depuis le temps où Montaigne pouvait écrire : « Ce nous est raison de croire parceque c'est incroyable. » Aujourd'hui, pour rencontrer quelque crédit, il faut s'en tenir aux idées admises, *ayant cours*, tout comme la monnaie. Les Chinois assurent « qu'il ne faut pas jouer de la flûte *devant des ânes* ». Comme, à certains égards, nous sommes à peu près tous plus ou moins ânes, dans le sens du proverbe, c'est-à-dire inhabiles à bien apprécier certaines choses, à comprendre certaines paroles, il nous semble prudent d'omettre les détails que nous avons en vue.

Nous avons dit — et malheureusement ceci ne peut être contesté — que les mandarins poursuivent sans relâche les apôtres du christianisme et les chrétiens, même lorsqu'ils sont Chinois. Cependant l'hospitalité si largement exercée en Chine, le dévouement des néophytes pour leurs pasteurs, puis aussi l'imprévu, le hasard — et la main de la Providence — déjouent souvent les combinaisons des Lettrés. Nous terminerons ce chapitre de religion en rapportant de quelle façon curieuse un missionnaire échappa, il y a quelques années, aux atteintes d'un mandarin plein de zèle.

Recherché par l'autorité civile et judiciaire en raison de l'ardeur de sa propagande, ce missionnaire se trouvait dans une famille chrétienne, lorsque subitement on vint le prévenir que la maison était cernée par les satellites du mandarin, et que ce dernier lui-même demandait à visiter les appartements.

Grand émoi parmi les quelques fidèles qui entouraient le prêtre : Si leur *père spirituel* était découvert, c'en était fait de lui ! Tout à coup, revenu de son trouble, le missionnaire saisit une paire de ciseaux, engage ses amis à cesser de craindre et court vers l'aile droite de la maison où se trouve toujours l'appartement des femmes, appartement où nul homme étranger à la famille ne doit pénétrer.

Le missionnaire disparaissait à peine de la grande salle que le mandarin y entrait. Ne voyant pas son homme, sachant en outre qu'il n'avait pu quitter la maison fort bien gardée, il se dirige à son tour vers l'appartement réservé. La plus profonde anxiété régnait dans l'assistance. Après avoir hésité un instant, le mandarin se décide à franchir le seuil; enhardi par sa haine, il ouvre la porte, il entre dans la chambre… mais aussitôt, à la stupéfaction générale, il pousse un cri et revient au plus vite, fuyant comme s'il eût été lui-même poursuivi. En même temps, le missionnaire revenait tranquille et tout riant au milieu des fidèles, leur présentant *la natte du mandarin !* D'un coup de ciseaux, il avait *déshonoré* pour longtemps le zélé fonctionnaire; et celui-ci avait été si troublé de cette flétrissure qu'il abandonnait la partie.

Nous en avons fini avec l'exposé des grandes institutions de la société chinoise. Passons aux hommes, aux membres de cette société, examinons les acteurs qui se meuvent sur la scène dépeinte par nous à grands traits.

CHAPITRE VII

QUALITÉS ET DÉFAUTS

Si le respect de la vérité nous oblige à reconnaître que les Chinois ont des défauts très graves en même temps que des qualités précieuses, la courtoisie nous engage à parler tout d'abord de leurs qualités. Elles sont vraiment assez nombreuses et diverses pour que l'on hésite dans leur classement. Entre toutes, il en est deux qui semblent dominer les autres et que nous avons eu déjà occasion de noter: la Soumission et le Respect du principe d'autorité.

Nous avons parlé assez longuement de l'une et de l'autre ainsi que de leur cause directe — la piété filiale — pour n'y point revenir. Constatons seulement qu'elles ressortent dans toutes les actions des Chinois et qu'elles facilitent leur direction à quelque titre que ce soit.

Les philosophes se sont efforcés, à juste raison,

d'inculquer au peuple l'idée qu'un sage doit être toujours content de son sort. Lao-tsé disait : « Dès l'origine, notre condition est fixée par le Ciel » ; il y aurait donc folie « à se trouver à l'étroit dans sa demeure, à mépriser comme vils et indignes de soi les moyens d'existence que l'on peut avoir, à prétendre s'enrichir sans cesse et sans mesure ». Ceux-là, ajoute le philosophe, « cherchent le profit et recueillent le dommage, ils veulent la paix et trouvent le danger. Au contraire, celui qui se contente de sa médiocrité, qui sait se suffire et ne rien désirer au-dessus de ses moyens, reste jusqu'à la fin de ses jours à l'abri du péril et du malheur. Votre demeure peut être tantôt basse, tantôt élevée : on doit toujours se plaire aussi bien dans l'une que dans l'autre. »

Ces maximes pleines de sagesse ont contribué dans une large mesure à la soumission et au contentement du peuple.

Ce qui caractérise ensuite les Chinois, c'est une extrême patience dans leurs travaux, œuvres d'art, études ou bien occupations pénibles et fatigantes. Leurs sculptures si délicates sur l'ivoire et le jade, les sphères concentriques si curieuses, qu'ils mettent parfois dix ans à exécuter, prouvent le bon goût et la patience des ouvriers chinois. A vrai dire, tous sont quelque peu artistes, tous travaillent dans le but de produire une œuvre *finie* beaucoup plus qu'avec l'impatient désir d'accomplir à la hâte une tâche ennuyeuse. Il en résulte une perfection remarquable dans tous leurs travaux. Nous avons sous les yeux une petite boîte à bijoux ayant la forme d'un quart de cercle. Cette boîte a trois tiroirs dont une minutieuse inspection ne peut faire découvrir les joints. Sortez les tiroirs, remettez celui de droite dans la case de gauche ou dans celle du milieu : il s'y adapte aussi bien qu'à sa vraie place. Il n'est pas un ébéniste de mérite en France qui ne considérerait ce petit meuble comme un chef-d'œuvre et qui, l'ayant exécuté, ne pourrait prétendre à des salaires excessifs. Ce sont là cependant des travaux communs et fort peu payés en Chine où la valeur d'un objet résulte autant de la matière première que de la main-d'œuvre.

Le contentement philosophique du Chinois se traduit par une humeur égale, presque toujours exempte de mélancolie. Mais le Chinois se distingue particulièrement des autres hommes par sa sagacité.

Habitué dès l'enfance à se rendre compte de tout, il acquiert sans peine une remarquable habileté à comprendre la raison, *le pourquoi,* le mécanisme de ce qu'il voit et *l'esprit* de ce qu'il entend. Il est aidé, dans l'application de ses facultés, par une grande finesse et une intelligence dépassant de beaucoup le niveau intellectuel de la majorité des Européens. Sa mémoire est prodigieuse et son aptitude pour la philologie des plus remarquables. Plusieurs siècles avant que la France songeât aux études officielles des langues étrangères, la Chine avait une école spéciale où l'on enseignait dix ou douze langues vivantes. A la vérité, sauf le russe, qui fut de bonne heure compris dans ces langues, toutes les autres étaient des dialectes d'Orient. Mais depuis que les événements politiques ont rendu les relations plus fréquentes entre les deux continents, l'anglais et le français ont pris place dans l'enseignement. Les Chinois, hommes faits ou enfants, qui se trouvent en relations avec les missionnaires et veulent être initiés à la religion chrétienne, apprennent le latin, en peu de mois. Ajoutons qu'ils s'appliquent à l'étude d'une science étrangère *quelconque,* par besoin politique, commercial, ou religieux bien plus que par esprit critique ou par curiosité. Ils estiment en effet que leur propre langue et leur littérature renferment à elles seules plus de merveilles que toutes les autres réunies. Cette appréciation résulte du patriotisme dont ils sont animés, patriotisme qui les rend fiers de leur civilisation. A quelque point de vue qu'on se place pour l'examiner, ils en soutiennent hardiment la supériorité. Quant à leur indépendance nationale, ils l'ont défendue avec une rare énergie pendant un grand nombre de siècles contre les Tartares ; ils la défendront non moins courageusement contre toute puissance étrangère qui la menacerait. Le gouvernement, quel qu'il soit, les encouragera toujours dans ces dispositions, non seulement par raison politique, mais encore et surtout à cause d'une coutume antique redoutée de tous les souverains. Cette coutume veut que le chef de l'empire, assez inhabile ou malheureux pour avoir laissé amoindrir le territoire, soit privé de dormir son dernier sommeil dans le sépulcre de la famille.

Aux qualités que nous venons d'énumérer, qualités que l'on peut appeler *natives*, il convient d'en ajouter deux autres ayant le même caractère *inné*, mais qui ont été développées l'une par la pratique, l'autre par les enseignements continus de tous les moralistes : nous voulons parler de l'aptitude commerciale des Chinois et de leur sociabilité.

Le *petit commerce* est un sujet d'étonnement pour les Européens débarquant en Chine ; il est exercé par de jeunes enfants qui vendent avec une gravité tout orientale de menus produits d'industries diverses, des légumes, des fruits, du riz cuit, des gâteaux, toutes choses que l'on achète volontiers soit à cause de leur prix modique soit en raison de leur utilité quotidienne, et parce qu'elles satisfont aux besoins de l'existence. Ces jeunes marchands, âgés de sept à douze ans, *savent vendre* ; la grande majorité des enfants européens échouerait là où ils réussissent. Ils savent modifier leurs offres selon les allures du passant ; ils combinent leurs propositions pour tenter l'un, amateur de petits objets, ou l'autre, en quête de fruits frais ; leurs prétentions varient, s'élèvent ou s'abaissent, suivant qu'ils jugent l'acheteur plus ou moins bien pourvu de sapèques (1). Ces adolescents savent aussi faire rapidement le compte de ce qui leur revient ; ils en

1. En chinois *tsien* ; c'est la monnaie courante ; elle équivaut à *un demi-centime*. Les sapèques sont percées d'un trou ; on les enfile par cent à une corde que l'on porte attachée à la ceinture. Généralement, un serviteur muni de ce fardeau suit le Chinois qui veut faire quelque achat.

font le calcul sur le *souan-pân*, machine à compter dont nous dirons quelques mots; mais ils peuvent se passer souvent de cet instrument. Ils se faufilent dans les foules, se garent adroitement sans trouble ni précipitation quand retentit le *Yang!* gare! cède! range-toi! cri poussé par les porteurs de palanquins ou de gros ballots de marchandises.

Ce n'est point dans ce commerce ambulant, ou s'exerçant par occasion dans une échoppe vacante, que l'on doit rechercher une grande honnêteté. Et cependant, pour n'avoir pas compris que cette vente par les enfants ou les infirmes n'est pas le véritable commerce, bon nombre de voyageurs ont fait au négoce chinois un grand renom d'indélicatesse. C'est là encore une accusation fausse sur laquelle il faudra revenir. Les vrais commerçants discutent avec adresse leurs intérêts et s'efforcent d'obtenir le plus haut prix possible. Mais la convention faite, le marché accepté, ils trompent très rarement sur la quantité ou la qualité des marchandises à livrer. Ils montrent d'ailleurs, comme tous les Chinois, sans distinction de rang, une grande urbanité. C'est encore en cela que les recommandations de Confucius apparaissent comme ayant porté fruit.

Dans toutes les classes de la société, sauf des exceptions inévitables, chacun se respecte et respecte ceux avec lesquels il se trouve en rapport.

En un mot, le décorum n'est jamais négligé ; nous verrons que, dans les relations sociales un peu élevées, il touche à une exagération fatigante. L'urbanité, la sociabilité naturelle dont les Chinois sont doués les porte à une précieuse qualité du cœur : l'hospitalité.

L'hospitalité s'exerce en Chine de la façon la plus généreuse, la plus délicate et la plus utile. Frappez à une porte, que ce soit la porte d'une chaumière ou celle d'un palais, elle s'ouvrira pour vous, étranger, comme pour un ami. Que le voyageur attardé ne craigne pas d'indiscrètes questions : il est un hôte, cela suffit; chacun, dans la famille, s'empresse de lui procurer tout ce dont il a besoin et cela avec un entier désintéressement, car aucune rémunération ne serait acceptée.

Il est au reste à remarquer que tous les Orientaux, particulièrement ceux qui ont une origine pastorale, exercent largement l'hospitalité. En Chine cependant, elle revêt un caractère spécial, en ce sens qu'elle n'est pas seulement *privée* mais encore *sociale*. Ceci demande explication.

De ce que le souverain est établi à la tête du pouvoir comme *père et mère* de la nation, il en résulte qu'il doit sa sollicitude à tous les habitants de l'empire, surtout à ceux qui en ont le plus grand besoin ; les voyageurs, même étrangers, sont de ce nombre. Aussi rencontre-t-on, de distance en distance, sur les routes, des hôtelleries vides confiées à la garde d'un Chinois et dans lesquelles on trouve un asile gratuit. Ces hôtelleries sont élevées et entretenues soit par de riches particuliers, soit par le gouvernement, comme répondant au devoir d'aide mutuelle.

On trouve de même sur les grands fleuves des *barques de miséricorde* destinées à la fois à recueillir des voyageurs en détresse et à secourir les bateaux dans les endroits périlleux.

L'œuvre de l'hospitalité de nuit, qui est à peine implantée dans nos plus grandes villes d'Europe, a reçu des Chinois une remarquable extension. En outre des hôtelleries sur les routes et des barques de miséricorde il existe depuis la plus haute antiquité, dans chaque ville, des maisons destinées à servir d'abri provisoire à qui n'en a point. C'est donc bien là société même qui pratique l'hospitalité; elle la pratiquait ainsi mille ans avant l'ère chrétienne.

Il nous reste maintenant à parler d'une qualité que l'on a souvent contestée aux Chinois et dont on ignore généralement les causes directes: la moralité, moralité beaucoup plus grande — ou moins imparfaite — que celle des peuples d'Occident.

La moralité d'un homme se manifeste sous plusieurs aspects. C'est, d'abord, au point de vue des mœurs proprement dites : *bonnes mœurs, mauvaises mœurs...* ces termes se comprennent sans explications et dénotent le respect de soi-même et d'autrui, ou l'oubli de sa propre dignité. C'est ensuite au point de vue des crimes et délits: la morale en tous pays condamne le vol et l'assassinat. Quand elle n'est pas détournée de son sens naturel par une philosophie purement humaine, elle condamne également l'attentat de l'homme contre soi-même, c'est-à-dire le suicide.

Jusqu'ici nous avons parlé des qualités qui sont en quelque sorte à l'état natif chez les Chinois. Leur moralité a-t-elle le même caractère; en d'autres termes, ces prétendus barbares sont-ils d'une essence meilleure que la nôtre, de telle sorte qu'ils n'aient pas besoin pour progresser dans la vertu des mêmes efforts indispensables aux Européens pour demeurer dans la voie du devoir?

A une question ainsi posée on peut répondre négativement et en toute assurance.

S'il y a dans la société chinoise une moralité supérieure à celle que l'on constate dans les sociétés européennes, ce n'est pas que les Chinois aient moins de passions ou des passions moins vives que les hommes d'Occident : c'est qu'ils ont été défendus contre eux-mêmes par des législateurs et des moralistes éclairés. L'homme résiste d'autant mieux au mal qu'il a moins d'occasions de le commettre; ceci est comme un axiome, une vérité indiscutable reconnue de Confucius et qu'il ne perdit jamais de vue. Aussi, lorsque le roi de Lou lui demanda quelques indications spéciales pour la direction de son peuple, le philosophe répondit : « Le respect mutuel dans tous les États doit être la base d'une société »; mais, avant ce respect réciproque, il plaçait deux conditions essentielles de prospérité : 1° La séparation totale et absolue des deux sexes, hors dans la famille; 2° l'union intime des époux. « Si les hommes veulent vivre dans l'innocence et la paix, disait-il; s'ils veulent remplir leurs devoirs, ils doivent être absolument séparés des femmes qui leur sont étrangères et très unis à celle qui leur donne des descendants, descendants qui les font en quelque sorte revivre après leur mort. »

Exclure la femme des réunions publiques, ou pour parler plus justement : séparer la société des femmes de la société des hommes, c'est exciter au mariage, puisque lui seul peut donner les satisfactions de la vie commune et de l'intimité.

Quant à l'union parfaite des époux, « elle est la racine d'où sortent le *père et la mère*, » c'est-à dire qu'elle est la base de la famille

Le désir de Confucius s'est réalisé : les dames chinoises vivent en dehors du mouvement de la rue et des affaires; leur royauté s'exerce dans la famille même, où elles vivent entre elles, ne recevant jamais chez elles la visite d'un homme qui ne leur soit très proche parent, ne sortant qu'en palaquin et rarement (1). Elles estiment que c'est là un hommage rendu à la modestie naturelle de la femme et ne peuvent concevoir comment les Européennes se plaisent à se produire en public.

On comprend aisément que, les causes de scandale étant très limitées, le scandale lui-même

1. Il en était de même dans la société primitive à Rome.

soit devenu une rare exception. Mais il ne suffisait pas de défendre les hommes contre eux-mêmes; il fallait encore s'efforcer de faire grandir l'enfant dans un milieu honnête, dévoué à son intérêt particulier, où il puisât les notions de la vertu par excellence, la piété filiale : où il apprit enfin le respect de soi-même. Où donc l'enfant serait-il mieux que dans le sanctuaire de la piété filiale? Où donc trouverait-il plus de sollicitude, plus de soins et une plus grande surveillance que dans sa propre famille? Aussi la Chine n'a-t-elle pas d'*internats* pour les écoliers. Chacun d'eux suit les classes d'un maître et revient aussitôt dans sa famille. Les collèges sont comme des foyers de démoralisation pour les sociétés européennes; la Chine a su les éviter. Comme autrefois à Rome c'est auprès de sa mère que l'enfant grandit ; c'est à la mère qu'incombe le devoir de former à la vertu le cœur de son fils. Seulement, tandis que les matrones romaines faillirent à cette mission, les mères chinoises continuent de s'efforcer de l'accomplir. Elles sont puissamment aidées par un époux qui n'a rien de plus à cœur que d'élever ses fils dans l'observance des devoirs sociaux et en particulier de la piété filiale.

De même que les jeunes Romains prenaient

place chaque jour dans le groupe qui se formait autour du foyer domestique, auprès de l'autel des dieux pénates et des Lares, ainsi les jeunes Chinois assistent chaque matin à la cérémonie privée accomplie devant l'autel des Ancêtres. Ils grandissent à l'abri de la corruption qu'engendre une constante agglomération d'enfants et de jeunes gens. Quelques-uns n'ont point de parents ; mais ce malheur n'atteint généralement que les enfants abandonnés et non *adoptés* : la constitution de la famille repose sur une base si solide que la privation de proches parents est un fait tout exceptionnel. La société a d'ailleurs pris soin d'établir pour tous les déshérités des maisons de secours, hôpitaux ou asiles, où les vieillards, les malades et les enfants trouvent un abri et une protection.

Reste encore non pas une autre cause, mais une *manifestation* de l'immoralité : la licence des mœurs facilitée par les maisons de plaisirs. Ces maisons, peu nombreuses, n'existent en Chine que dans les grands centres, en dehors de la ville proprement dite, dans un endroit écarté ; elles sont en outre rigoureusement surveillées par la police locale.

Quant aux *barques fleuries*, il faut voir en elles de

véritables barques de licence. Lorsque les jeunes filles qui en sont tout l'attrait n'ont pas réussi à charmer suivant leurs propres désirs les jeunes gens qu'un honorable mandarin veut bien nous présenter uniquement comme des amateurs de musique, elles savent les entraîner ensuite jusqu'à leur domicile terrestre. Les *barques fleuries* ne se rencontrent que dans les grandes villes chinoises et constituent un scandale analogue aux provocations quotidiennes qui se produisent ouvertement dans les rues des grandes villes d'Europe. Ceux qui fréquentent ces maisons flottantes sont réputés : *chercher les fleurs et s'informer des saules.*

Ajoutons que le principal élément de la dépravation des mœurs, le célibat des soldats, fait défaut en Chine où tous les soldats sont mariés. La société française a compris que le célibat des soldats est un danger pour la morale publique ; elle a essayé d'y remédier, mais dans des limites trop restreintes pour produire un résultat favorable. Seules les armes d'élite comme la gendarmerie et la garde républicaine comprennent des soldats mariés. Ces corps étant chargés de veiller à l'exécution des lois et au respect de la morale, l'exception dont ils sont l'objet constitue un aveu. Malheureusement en raison de notre organisation sociale, cette prudente mesure ne peut être généralisée : tandis que les Chinois, ayant une sorte de caste guerrière, chez laquelle l'instruction militaire se fait de père en fils, ont pu appliquer sans difficulté à l'armée entière ce qui demeure pour nous une exception très restreinte.

Toutes les causes de moralité que nous venons d'énumérer ont eu pour conséquence de rendre extrêmement rares en Chine les naissances illégitimes. De là peu de mécontents, dans la société chinoise ; peu de criminels, peu de *désespérés*, c'est-à-dire peu de meurtres et de suicides. Nous pouvons citer une ville, Yang-heou, dans le Foû-pé, où, pendant *quarante ans*, il ne s'est pas produit un seul suicide : et Yang-heou compte 800.000 âmes !

Ayant rendu hommage aux qualités des Chinois, nous devons maintenant exposer leurs défauts... Seraient-ils *hommes* s'ils n'en avaient point ?

De même que toutes leurs vertus peuvent se rattacher à une seule dont elles découlent, — la piété filiale, — tous les défauts des Chinois semblent résulter d'une imperfection morale qu'ils possèdent d'ailleurs en commun avec la majorité des Orientaux : cette imperfection n'est autre que la *dissimulation*. Confucius cependant comprenait l'importance de la sincérité, de la « droiture du cœur » comme il l'appelle, et sans cesse il recommandait au peuple la pratique de cette vertu. Mais, si dociles à d'autres enseignements, les Chinois se sont montrés rebelles à celui-là.

On peut aisément expliquer cette résistance par la *raison du mensonge* telle que l'a donnée saint Augustin. D'après le grand docteur la généralité du mensonge et de la dissimulation tient à ce que, la vérité ayant un prix inestimable, tout homme entend *la recevoir*, mais prétend la garder, c'est-à-dire *ne pas la donner* aux autres.

Lettré, ignorant, ministre, diplomate, mandarin du dernier ordre, fonctionnaire ou simple petit marchand : tout Chinois est habile à dissimuler sa pensée ; tromper un Européen, c'est jeu d'enfant, car notre perspicacité, pour grande qu'elle soit, n'approche pas de leur finesse d'esprit. Mais ils arrivent à se tromper mutuellement, ce qui dénote à coup sûr une habileté surprenante.

Nous disons que les Chinois *trompent*, ce qui implique l'habitude du mensonge, car le manque de sincérité mène rapidement et fatalement au mensonge constant. Ne pas dire *tout* ce que l'on pense est chose permise, même prudente ; mais cette habitude louable a une sœur beaucoup moins honnête et qui fait dire *le contraire* de ce que l'on pense. La langue chinoise se prête merveilleusement à ce défaut ; et, pour peu qu'un homme instruit s'y exerce, il acquiert un talent remarquable à dissimuler la vérité.

On admet communément en Europe que le mensonge est « le père de tous les vices » et qu'il peut mener à tous les crimes. Les Chinois ne vont pas aussi loin ; ils spécialisent le mensonge, ils le développent dans ses conséquences normales, en quelque sorte régulières ; ils excellent à ce développement qui pour les basses classes comprend le vol, mais surtout le *vol adroit*. Ceci pour être bien compris exige des exemples. Nous allons en donner quelques-uns très véridiques et pouvant donner une idée exacte de la ruse déployée dans le royaume des Fleurs.

Ce qui frappe tout d'abord l'Européen arrivant dans une grande ville. à Schanghaï ou à Canton par exemple, ce qui lui cause une pénible surprise, c'est le nombre relativement considérable d'hommes à peine vêtus de haillons, cachant mal

des plaies hideuses, aux bras, aux jambes surtout.
Touché par ce spectacle, il donne de grand cœur
ce que sollicitent la misère et la maladie. Mais qu'il
ne se laisse pas émouvoir à l'excès; car, entre tous
ces malheureux, ceux qui souffrent réellement
forment l'exception. Généralement, ces plaies
sanguinolentes, ces os cariés, n'ont d'autre origine...... qu'une peinture. Infirmités factices,
elles sont destinées à éveiller la compassion
des étrangers, puis elles disparaissent sous un
tampon de ouate imbibé d'huile. C'est une variété
du mensonge, non la plus coupable: voici une
ruse autrement dangereuse.

Il y a quelques années, un Européen acheta
d'un Chinois une maison dont le prix serait payé
en quatre termes, la livraison de l'immeuble ne
devant avoir lieu qu'à l'époque du dernier payement. L'acte de vente fut rédigé selon les formes
ordinaires et l'acquéreur déposa cet acte dans une
cassette. Trois échéances se produisirent et par trois
fois il compta au vendeur la somme convenue.
Arriva enfin le dernier terme. Le Chinois ne faisant point ses préparatifs de déménagement, on
lui rappela que le temps était venu de recevoir le
reliquat de la somme et de livrer la maison. « Ac-
cordez-moi encore un nouveau délai, répondit-il

Je ne saurais me rendre avant quelques jours à ma nouvelle demeure. » L'Européen consentit volontiers ; mais le délai expirant et le Chinois ne déménageant pas, il fallut à nouveau le prier de s'en aller.

— Et pourquoi voulez-vous que je m'en aille? répondit cette fois le vendeur.

— Comment, ne faut-il pas que vous me livriez cette maison?

— Je suis chez moi, grand homme ! je suis chez moi ; et, m'y trouvant bien, j'y resterai.

— Mais, vendue par vous, cette maison n'est plus à vous !

— Le grand homme se trompe ; je n'ai pas vendu ma maison.

— Dites que vous avez changé d'avis ; mais l'acte de vente existe et, s'il le faut, nous irons nous expliquer devant le mandarin.

— Allez où vous voudrez, mais l'acte n'existe pas.

L'Européen, très inquiet, rentre chez lui au plus vite et se rassure en voyant à sa place la cassette qu'il craignait de ne plus trouver. Il l'ouvre, prend l'acte, déploie le papier, et demeure stupéfait : c'était bien le même papier, mais l'écriture avait complètement disparu !

Consulté, le mandarin apprit à l'Européen qu'il avait été victime d'une ruse assez fréquente, ruse qui consiste à écrire un acte avec de l'encre qui s'efface sans laisser de traces.

On ne l'évite qu'en faisant apposer, au moment de la convention, les sceaux de justice sur le papier où s'écrit le contrat.

Il ajouta qu'aucune preuve n'existant contre le prétendu vendeur, il demeurait, lui fonctionnaire, sans moyen d'action au profit de l'acquéreur. Tel fut le dernier mot de cette aventure.

Pour rester dans le domaine de la ruse appliquée à la vente, notons une manière habile de frauder sur le poids.

Les balances courantes sont des romaines à fléau. Ce fléau, généralement en os ou en ivoire, est adroitement creusé ; on y introduit ensuite du mercure en assez grande quantité, mais pas plus qu'il n'en faut pour remplir la moitié du canal ainsi établi. Vienne un acheteur : il examine la marchandise, débat le prix ; regarde-t-il les poids ? il les trouve réguliers. On place donc les objets dans un plateau, les poids dans l'autre ; une légère oscillation du côté du premier plateau entraîne tout le mercure qui fait ainsi l'office d'un poids caché ajouté à la marchandise. Dans l'hypothèse inverse, c'est-à-dire si le client offre de vendre, le mercure aidera à l'équilibre en évitant au marchand de placer un poids plus lourd dans la balance; il ne payera donc que le poids apparent de l'objet proposé. Ce moyen de bénéfice illicite s'emploie surtout chez les banquiers, où se vendent et s'achètent des lingots d'argent.

Les monnaies elles-mêmes n'échappent pas à certaines modifications frauduleuses. Ainsi, à Hong-Kong, pendant plusieurs années les piastres espagnoles, seule monnaie d'argent ayant cours en Chine, furent *sciées* dans leur épaisseur. Deux traits de scie détachaient les deux faces apparentes, qui étaient ensuite habilement soudées sur une masse de plomb d'un poids égal à celui du petit bloc d'argent qui avait été extrait.

Passons à une autre application de la ruse : il s'agit de dépouiller une personne, non seulement des objets précieux qu'elle possède, mais encore des vêtements dont elle est couverte.

Supposez, lecteur, que vous soyez vers le soir dans une chambre, paisiblement occupé à écrire. Tout à coup une douce somnolence s'empare de vous et se transforme rapidement en un besoin impérieux de dormir. Un instant de repos répare les forces, dites-vous, et vous cédez au sommeil. Cela dure peu, quelques minutes seulement. Pendant votre sommeil, il vous semble voir passer des ombres dans la chambre et même, chose étrange, vous croyez que l'on vous déshabille. C'est un rêve ! et vous vous réveillez... déshabillé, dépouillé, volé. Que s'est-il donc passé ?

Avec mille précautions pour n'être ni vu ni entendu, un Chinois a pratiqué un petit trou dans une vitre de la fenêtre — notez que cette vitre est en *papier*. Par ce trou minuscule le Chinois insuffle dans votre chambre la fumée d'une plante roulée en cigarette. Cette fumée très subtile a des propriétés analogues à celles du chloroforme et plus puissantes même. Vous avez donc été endormi le plus simplement du monde, ce qui a permis au voleur de vous dévaliser, sans être dans la cruelle nécessité de vous tuer pour se protéger lui-même contre l'indiscrète résistance que, tout éveillé, vous auriez certainement opposée à la soustraction.

A l'égard des animaux, les Chinois procèdent avec non moins d'habileté, mais autrement.

Un matin que dans une famille chrétienne un missionnaire venait de célébrer la messe, il s'aperçut d'un trouble général chez ses disciple s et s'informa de la cause de ce trouble.

— Notre porc a été volé ! lui répondit-on.

— Et vous n'avez rien entendu ! Un animal de ce poids, de cette force et de ce caractère ne se laisse pas enlever sans protester quelque peu.

— Impossible à lui de protester, révérend Père ; on lui *ôte la voix*... Voici comment. Le voleur prépare une pâte de résine et de graisse ; il l'étale en une feuille assez mince ; au centre, il place une forte quantité de poivre, de piment, sur laquelle il roule la pâte de manière à former un pain allongé, pointu par un bout ; il enduit ce pain avec du miel. Cela fait, muni de cet appât, il vient près du porc, lui présente le gâteau. L'animal, friand de miel, saisit gloutonnement l'extrémité qu'on lui offre. Aussitôt le voleur pousse vigoureusement le rouleau, qui d'une part entrant dans la gorge de la pauvre bête, d'autre part retenant ses mâchoires ouvertes, arrête le moindre cri. L'animal est surpris, ahuri, étouffé ; il suit sans résistance le voleur qui l'entraîne. Voilà comment on enlève les animaux !

A l'égard des oiseaux, il existe un autre procédé. Ainsi, par exemple, les Chinois dressent des pigeons à en amener d'autres dans leur petite habitation. Ces pigeons vont donc faire à leurs voisins une sorte de visite de politesse et les invitent à les reconduire, ce que les voisins, en honnêtes pigeons, n'ont garde de refuser. Hélas ! le maître attend près de la logette, et dès que les étrangers y ont pénétré, il ferme la porte, saisit les imprudents... et les met à mort !

Un autre genre d'adresse consiste à voler les passants dans la rue même. Les pick-pockets chinois n'ont rien à envier comme habileté à leurs émules d'Occident.

Un capitaine de marine quittait son navire pour rendre visite à un Européen depuis longtemps établi en Chine et bien au fait des ruses en usage. Le capitaine avait une chaîne en or, grosse et très apparente.

« Cachez votre chaîne, lui dit l'Européen, si vous ne voulez en être dépouillé aussitôt votre sortie de chez moi. » Le marin ne voulut pas admettre que ce vol pût s'accomplir si aisément, d'autant qu'averti, il serait attentif. Il sortit. A peine avait-il fait quelques pas que trois ou quatre Chinois se rencontrent maladroitement près de lui et le heurtent. Il regarde... sa chaîne avait disparu.

De tout cela faut-il conclure que le Chinois est

essentiellement voleur ? Nous croyons plus juste de dire qu'en Chine il y a des voleurs, comme en tous pays, mais que la nation entière se trouve entachée d'un défaut dominant, inné, *la dissimulation*. Cette dissimulation, unie à la finesse d'esprit, rend les voleurs plus ingénieux, plus habiles, plus adroits : *rusé*, le Chinois l'est par nature et d'instinct ; *voleur*, il le devient par occasion et par malice plutôt que par besoin.

On a dit que les serviteurs chinois sont tous peu honnêtes. Ainsi généralisée, cette accusation est fausse. Il existe, sans aucun doute, en Chine des serviteurs indélicats ; mais la majorité des domestiques peut être considérée comme plus fidèle et plus dévouée que la majorité des serviteurs européens. Cela résulte non pas d'un naturel meilleur, mais du respect de soi-même et d'autrui, respect que les mercenaires oublient moins en Orient qu'en Occident.

Quant à la *cruauté* des Chinois, elle est très réelle, si on l'entend des tortures infligées aux accusés, des supplices auxquels sont condamnés les coupables, tortures et supplices qui dans leur ensemble se rapprochent des preuves judiciaires et des moyens d'exécution encore en usage en France même, il y a moins de deux siècles. La procédure criminelle des Chinois est donc entachée de cruauté ; appliquée aux divers châtiments, cette cruauté légale se transforme, elle prend le caractère qu'elle affecte chez tous les hommes oublieux par instant de leur dignité : aux heures de folie dont aucun peuple n'est exempt, elle devient une rage brutale, une soif de sang qui ne laisse plus distinguer le juste de l'injuste ; c'est le sauvage, le barbare, qui se révèle dans l'homme.

N'oublions pas que seul, lorsque sa voix est écoutée, le Christianisme humanise les lois, inspire aux hommes une mansuétude qui n'est pas la *faiblesse*, mais plutôt la justice tempérée par l'indulgence — car seul il révèle un Dieu qui, dans ses jugements, « écoute sa miséricorde plutôt que sa justice ».

Seule, la *doctrine du bois*, la doctrine de la Croix peut inspirer aux forts de la pitié pour les faibles, aux vainqueurs de la clémence envers les vaincus... Seule elle sait « donner au lion la douceur de l'agneau ».

VIE PRIVÉE DES CHINOIS

CHAPITRE VIII

FAMILLE, MARIAGE.

L'idée que les Européens se font de la famille ne répond aucunement à l'état de cette institution en Chine.

Une antique maxime hindoue dit que « l'homme complet, l'homme *parfait* dans le sens d'un entier achèvement, se compose de *lui-même, de son épouse légitime et de son fils* ».

A vrai dire, depuis un siècle, c'est généralement à cet « homme complet » que les Français bornent la famille. Un père, une mère, des enfants... ces trois termes nous suffisent. Encore vivant, l'aïeul est déjà dans le passé, on l'apprécie à la valeur probable de sa succession. Les frères, les sœurs, représentent l'oubli dans l'avenir : l'affection qui les unit dure ce que durent l'enfance, les impressions naïves et fraîches, l'amitié sans calcul.

Lorsque cette affection sincère survit à l'enfance, lorsqu'elle résiste au courant de la vie qui emporte, comme autant d'épaves à jamais perdues, des lambeaux de notre cœur, elle devient une touchante et remarquable exception à la règle.

Chez nous, bien avant que le souffle d'automne vienne disperser ces feuilles d'une même branche, chacune d'elles s'est détournée de ses sœurs ; l'une recherche le soleil, l'autre veut vivre à l'ombre, toutes cherchent à satisfaire un caprice ou bien un intérêt personnel primant tout intérêt étranger. L'orage, qui abrège pour plusieurs la durée normale de l'existence, donne ainsi plus d'air, plus d'aisance à celles qui demeurent et qui prennent au plus vite la place devenue vide.

Telle est bien l'image de nos parentés éphémères, de nos affections égoïstes.

Au contraire, la base sur laquelle la famille repose en Chine, est un obstacle à ce qu'elle affecte le même caractère.

Parmi les causes contribuant à rendre cette institution ferme et constante, nous relevons le suivantes : 1° Le nom patronymique; 2° l'obligation morale de se marier pour honorer ses ancêtres en perpétuant leur race; 3° la réunion du plus grand nombre possible de parents sous le même toit.

Et d'abord le *nom*.

Bien qu'il y ait aujourd'hui plus de cinq cents millions de Chinois, on trouve seulement, en Chine, moins de *cinq cents* noms patronymiques, c'est-à-dire moins de cinq cents familles issues des groupes primitifs.

Le titre de « peuple aux Cent familles » est demeuré, malgré l'augmentation de ce chiffre, une dénomination du peuple chinois. Dans le livre tout élémentaire qui porte comme rubrique « le livre des Cent familles », on compte quatre cent cinquante-huit noms.

Les familles chinoises sont donc à proprement parler d'importantes tribus s'alliant les unes aux autres, et *forcément*, par le mariage : le mariage est défendu entre personnes du même *sin*, c'est-à-dire portant le même nom de famille.

Le mot *sin* est formé par le signe générique de la femme — ou pour parler plus exactement, par le signe d'une jeune vierge — et par celui de la naissance 姓. C'est donc un titre établissant l'*origine*, plutôt qu'un *nom* compris dans le sens qu'on lui donne en Europe.

Les principales branches des familles primitives ont adopté chacune une maxime philosophique composée d'un nombre restreint de caractères. Cette maxime se nomme un *cycle*, ou *tse pey*. Tous les fils d'un même père ajoutent au nom principal, au *sin*, le second caractère de ce cycle, lorsque leur père a le *premier*. A leur tour, les enfants de ces fils, qui sont entre eux cousins germains, prendront tous le troisième caractère, et ainsi de suite. Lorsque le cycle est épuisé on le recommence. Un exemple fera mieux comprendre cette méthode.

Prenons pour cycle une maxime de sept caractères : *tchéu jên cheü tien mo fou tsiâng*, c'est-à-dire : « Pour diriger les hommes et servir le ciel, rien ne convient comme la modération. » Supposons que ce cycle soit adopté par le chef de la famille, Chan. Ce chef s'appellera Chan *tchéu* ; tous ses fils seront dits : Chan *jên* ; les enfants de ceux-ci, Chan *cheü* ; les arrière-petits-fils du chef de la famille, Chan *tien*..., et ainsi de suite.

Se rencontrant, deux membres de la famille Chan veulent-ils connaître le degré de parenté auquel ils se trouvent ? Ils récitent leur cycle. Si les deux cycles sont identiques, c'est que la souche des deux Chinois est la même. L'un des deux hommes est-il nommé CHAN *jen* et l'autre CHAN *chen*? Le premier est l'oncle du second.

Lorsque ce cycle a été recommencé, la parenté entre les rameaux collatéraux n'est déjà plus que nominale; au delà, elle se borne à une simple communauté de souche.

Chaque famille garde avec respect, continue avec soin un livre où se trouve exactement consignée sa généalogie. Même de pauvres gens peuvent ainsi faire remonter leur origine certaine à plus de deux mille ans. Ces livres de généalogie constituent tout *l'état civil* des Chinois et ne laissent rien à désirer.

En dehors des sentiments affectueux qui naissent de la proche parenté ou résultent d'une sympathie mutuelle, la communauté de nom entre un nombre si considérable de personnes est de nature à inspirer une sorte de déférence respectueuse ou amicale dans les relations. A travers les siècles, on entrevoit en effet une longue suite d'ancêtres invoqués chaque jour par tant de fils, et protégeant une famille qui, respectueuse de la loi morale par excellence, a su perpétuer leur race.

8.

Nous touchons ici à la question importante du MARIAGE.

A ce sujet Confucius s'exprime ainsi : « Le mariage est l'acte le plus important de la vie : l'alliance que deux personnes de différent nom contractent entre elles les rappelle l'une et l'autre à leur origine première ; elle leur donne les mêmes ancêtres, elle les met sous la tutelle immédiate des Esprits de la Terre qui veillent sur la génération ; elle est le symbole du Ciel et de la Terre dont le concours produit toute chose ; elle les rapproche du *Chang-ty*. » Plus loin il ajoute : « Quelque haut placé que soit un homme il se doit du respect à lui-même, il en doit aux autres dans de justes proportions. S'il en manque envers lui-même, il en manque envers les ancêtres, il en manque à l'Ancêtre commun. Les Ancêtres sont les arbres éternels dont les hommes qui occupent aujourd'hui le monde ne sont que les rejetons. La racine est commune à tous ; on ne saurait blesser quelqu'un de ces rejetons, si petit qu'il soit sans que la racine s'en ressente. »

Pour les Chinois, le mariage n'est donc point seulement un acte de convenance personnelle : il est surtout un acte de respect envers les aïeux d'abord, envers soi-même et la société ensuite.

Les cérémonies qui le précèdent ou l'accompagnent doivent forcément se ressentir de ce caractère tout spécial. Le deuil des père et mère est un empêchement prohibitif au mariage ; ce deuil devrait se porter trois ans ; mais il est réduit à vingt-sept mois. L'exercice d'une fonction administrative apporte aussi une restriction au choix d'une épouse : un mandarin ne peut épouser une jeune fille dont la famille demeure dans le ressort de sa juridiction.

Une alliance entre deux familles se prépare dès la plus tendre jeunesse des deux futurs époux — souvent même avant leur naissance. Les moralistes chinois blâment cette coutume et avec raison. Ils souhaitent que les unions ne soient projetées qu'au moment où le caractère des deux enfants se dessine. Cette mesure serait d'autant plus sage que les fiançailles précédant le mariage sont indissolubles. Cette indissolubilité ne trouve d'exception que dans quelques circonstances très graves, comme, par exemple, si le père de l'un des fiancés s'est rendu coupable d'un délit ou d'un crime l'entachant d'infamie.

Les alliances ne sont jamais préparées directement par les chefs de famille, à plus forte raison par les enfants. C'est une personne amie qui cherche femme au jeune garçon. Lorsque cet intermédiaire, cet entremetteur pour lui donner son vrai nom, *mey-jên*, a jeté les yeux sur une famille d'un autre nom et possédant une fillette en âge de convenir à l'union projetée, il entame les pourparlers inévitables. Il n'est pas question de *dot*, car les jeunes filles n'en apportent point ; elle ne sont pas non plus *achetées*, comme on l'a dit à tort. Le mariage est gratuit, si nous pouvons nous exprimer ainsi. On ne voit donc en Chine ni l'union *par les doigts* ni le mariage *par les yeux*, dont parle Plutarque, qui désignait ainsi les mariages d'argent et d'amour. Ces derniers ne peuvent se faire que par exception, puisqu'il est de règle que les femmes ne paraissent pas devant des hommes étrangers, ni même devant des parents éloignés.

Si des deux côtés le projet se trouve agréé, le père du jeune garçon écrit au père de la jeune fille pour lui demander son alliance. Celui-ci lui répond en des termes assez curieux : « Vous m'avez demandé pour votre fils ma *sotte fille* en mariage. Je vous préviens qu'elle a *peu d'éducation*, qu'elle est dépourvue de grandes qualités et aussi de grands charmes extérieurs. Cependant, puisque vous me faites l'honneur de m'offrir qu'elle entre dans votre illustre famille, j'accepte avec reconnaissance. »

Il ne faudrait pas, d'après les seuls termes de cette lettre, supposer que réellement la jeune fille soit dépourvue de tout mérite ni que la famille de son fiancé soit vraiment illustre. Ces expressions, méprisantes pour soi, flatteuses pour autrui, sont d'un usage habituel et général dans les relations de société : elles tiennent même lieu de pronoms. En parlant de soi-même, on dit toujours : moi, l'*indigne* ; moi, le *tout petit*, ou l'infime. Celui auquel on parle est toujours un homme illustre, un *grand homme*, un *vénérable vieillard*.

Les deux chefs de famille étant d'accord, chacun d'eux informe ses Ancêtres du projet d'union. C'est à vrai dire une sorte de *signification* faite aux Ancêtres décédés, comme nous pourrions la faire à un aïeul vénéré, avec cette nuance qu'on leur demande de protéger toujours la fille qui s'éloigne de leur autel et d'accueillir favorablement l'enfant d'adoption qui leur sera donné. En Chine, en effet, tout au contraire de ce qui avait lieu dans l'ancienne Rome, le mariage n'efface pas chez la jeune fille jusqu'au souvenir de son culte privé. Sans l'enlever aux génies protecteurs de sa famille, il la fait passer sous une autre tutelle, il lui donne de nouveaux ancêtres et ne la rend pas étrangère à ceux qui bénirent sa naissance. Comme le dit Confucius : « Le mariage donne aux époux les mêmes ancêtres. »

Cette touchante cérémonie de la signification aux esprits tutélaires se fait solennellement devant l'autel des Ancêtres, soit au salon, soit, chez les familles riches, où elle existe, dans la pièce spéciale désignée sous le nom de salle ou temple des Ancêtres.

Le père du fiancé dira par exemple : « Je vous informe respectueusement, illustres aïeux, que j'ai fiancé votre fils X..., à la jeune Y... afin que, dans l'avenir, il accomplisse envers vous les devoirs qu'il vous doit. C'est donc une fille nouvelle qui vous sera donnée. Acceptez-la comme telle. Protégez son enfance ainsi que l'enfance de votre jeune fils, pour que tous deux se montrent dignes de vous. »

Les fiançailles se trouvent ainsi accomplies avec l'agrément supposé des ancêtres.

Quelques présents s'échangent entre les deux familles et se renouvellent pendant longtemps, puisque l'on fiance de petits enfants et qu'ensuite le mariage ne se fait qu'à leur douzième ou quinzième année.

Attendu la séparation rigoureuse qui existe entre la société des femmes et celle des hommes, les fiancés ne se connaissent pas.

Enfin, un an environ avant de célébrer le mariage, les deux familles en fixent la date. On choisit le jour avec soin — un jour faste — et généralement on préfère à toute autre époque celle de la floraison du pêcher, c'est-à-dire le printemps. Ce choix fait à si longue échéance s'explique par les préparatifs indispensables dans la maison du futur époux pour recevoir les invités et la jeune fille. On prévient les parents et les amis des deux familles, les uns à domicile et de vive voix, les autres — les moins proches ou ceux dont l'amitié est moins précieuse — par simple lettre.

Chez la fiancée, on prépare le trousseau. Quant au futur, il cherche quels présents il offrira, il les fait exécuter ou bien il y travaille lui-même, suivant sa condition sociale. Les dames de la maison veillent aux préparatifs du repas de noce, véritable festin auquel souvent prennent part plus de mille personnes.

Le jour des noces arrive enfin. Quelques amis

du fiancé se rendent chez la jeune fille. Celle-ci doit pleurer pendant *trois jours*, mais pleurer à grand bruit, crier, se désoler.

Le cortège qui vient la chercher se trouve précédé de plusieurs musiciens qui jouent, près de sa demeure, leurs airs les plus estimés et les plus bruyants. Après les musiciens sont placés les porteurs de cadeaux consistant en coffres précieux, porcelaines, pièces de soie, meubles plus ou moins luxueux et parmi lesquels se trouve un palanquin richement orné.

C'est dans ce palanquin que la jeune fille, couverte d'un long voile, prend place après avoir salué ses ancêtres; quelques dames amies l'accompagnent et l'assistent. On choisit pour ce rôle, comme autrefois à Rome, des personnes heureuses en ménage.

Le cortège se met en marche lentement, avec le plus d'étalage possible afin de mieux attirer l'attention des passants et de leur donner le temps d'admirer les cadeaux. Pendant le trajet on fait éclater un grand nombre de pétards.

On arrive ainsi à la maison nuptiale, tout ornée de fleurs et de cartouches en soie sur lesquels se détachent de belles maximes ou sentences écrites en lettres dorées. La musique fait rage; la jeune fille, couverte de son long voile, descend de palanquin avec ses assistantes, qui la conduisent au pied de l'autel domestique. L'entremetteur du mariage conduit également le fiancé qui prend place devant les ancêtres, *à gauche* de la jeune fille. L'autel est orné avec tout le luxe possible de fleurs, de soie et de lumières. Les deux jeunes gens font alors une première prosternation devant la tablette des ancêtres. On chante autour d'eux des hymnes spéciaux à la cérémonie du mariage. Un ami, désigné d'avance, lit à haute voix l'acte qui a été rédigé par les deux familles.

Après cette lecture écoutée en silence, la musique reprend ; des boîtes éclatent à la porte de la maison, dans la cour. Les jeunes gens font à nouveau une grande prosternation devant les ancêtres, se saluent mutuellement en signe d'acceptation ; ils vont, par trois fois, se prosterner à deux genoux devant leurs parents assemblés à droite de l'autel et qui les bénissent tant en leur nom qu'au nom des aïeux. Dans les familles chrétiennes la tablette des ancêtres est remplacée par la tablette du vrai Dieu, et les chants ont un caractère chrétien.

Désormais les jeunes gens sont légitimement unis et la nouvelle épouse ajoute le nom de sa famille à celui de la famille qui l'accueille, puis elle y joint encore le mot *che* (*branche*). Supposons qu'elle soit une OUEN et son mari un CHAN, elle sera désignée ainsi : *Chan-ouen-che*, c'est-à-dire « branche de Ouen ajoutée à la famille Chan ».

Après les salutations aux ascendants, aux frères aînés, les époux s'inclinent devant l'assistance. Puis la jeune femme, toujours voilée, est conduite dans l'appartement privé des dames, où elle se découvre enfin.

Un grand repas se trouve préparé dans cet appartement, tandis qu'un autre, plus somptueux encore, est servi aux hommes. Les tables sont dressées, chacune pour huit convives, dans le salon, les chambres, les cours, le jardin. Si, en raison de leur nombre, tous les assistants ne peuvent prendre place à la fois, ils se relèvent, c'est-à-dire que le tiers ou la moitié étant rassasiés, ils quittent les tables pour faire place à d'autres. Le repas dure ainsi jusqu'au soir.

Notons encore une coutume qui peut sembler étrange aux Européens, mais qui a son utilité pour le plus grand nombre des familles chinoises, coutume sans laquelle tout mariage serait une cause de ruine ou de misère.

On place dans le salon une grande corbeille

ou un grand vase, dans lequel chaque convive dépose son obole enveloppée de papier rouge sur lequel sont écrits des souhaits ou des maximes. Ces offrandes, sapèques ou lingots d'argent, payent généralement la moitié des frais de la noce.

En Europe, et dans une certaine classe de la société, il est assez commun de faire pendant la nuit quelque niche, quelque espièglerie à l'adresse des jeunes époux. Les Chinois ont généralement la même malice, mais ils procèdent autrement que par aubades : on met une forte pincée de poivre dans la bouche d'une grenouille verte; puis, en secret, on place la grenouille, tout émue, sous le lit nuptial.

Tant qu'il fait jour, tant qu'il y a une lumière dans la chambre, la petite bête ne dit rien. Mais aussitôt l'obscurité venue, elle se plaint et pleure comme le ferait un *jeune enfant*. Allume-t-on une bougie pour découvrir d'où vient ce bruit insolite, aussitôt la grenouille cesse de pleurer. Comme elle se tient cachée dans un coin et sous le lit, on la découvre rarement. L'obscurité faite à nouveau, la grenouille, aussitôt, reprend ses plaintes.

Pendant les trois jours qui suivent son union solennelle, la jeune femme demeure dans l'appartement réservé, sans en sortir un instant. Au matin du quatrième jour, elle vient avec son époux se prosterner devant l'autel des Ancêtres de sa nouvelle famille et se placer derechef sous leur protection. Ces diverses coutumes ont pour cause le désir de ramener sans cesse le mariage vers le but auquel il tend et de lui conserver son véritable caractère : *acte de respect filial*, il doit être approuvé, favorisé par les Ancêtres. En outre les nouveaux époux ne cherchent pas à fuir l'autorité des ascendants ; ils ne se font un nid à part, en dehors de la maison de famille, que si cette maison est trop petite pour recevoir le nouveau ménage et n'est pas susceptible d'agrandissement. C'est particulièrement dans les campagnes que se rencontrent ces grandes maisons de famille dont les cours, au nombre de six, sept, ou plus même, témoignent que par six, sept fois, on a ajouté à droite et à gauche une aile au bâtiment primitif. Les maisons n'ont généralement pas d'étage.

Dans les grandes villes, où la place que chacun des habitants peut occuper se trouve forcément plus restreinte, le nombre des personnes vivant sous le même toit ne pourrait s'accroître beaucoup sans troubler l'ordre des constructions. Les rues, sauf exception, n'ont que quatre ou cinq mètres de large ; il en est autrement à Pékin :

la rue qui mène à la principale des seize portes de la ville est surtout large et très aérée.

Au reste, si la vie commune des nouveaux époux avec les parents du mari rencontre des obstacles matériels, l'usage en lui-même n'en demeure pas moins constant. Cet usage peut être pour la jeune femme une source d'ennuis quotidiens que les dames européennes devineront aisément : combien, parmi elles, acceptent de vivre avec leur belle-mère ou leur belle-sœur ? Sur ce point comme sur tant d'autres, nos mœurs cependant nous portent soit à exagérer les conséquences des coutumes chinoises, soit à mal apprécier ces coutumes mêmes. Une jeune fille ayant vécu jusqu'à l'époque de son mariage ou dans une maison d'éducation ou seule avec sa mère, trouverait à coup sûr très pénible de vivre avec les parents de son mari, d'obéir à tous, de n'en mécontenter aucun ; il lui semblerait impossible de se concilier l'estime et l'affection de tant de personnes qui jusqu'à son mariage lui étaient étrangères.

Mais cette position n'est rendue difficile à la jeune femme chinoise que par l'inégalité de caractère ou par la malveillance de quelque proche parente. Quant au fait même de la vie commune, et aux incidents inévitables qu'elle produit, toute femme s'y trouve habituée dès l'enfance. En outre, si la vie devenait impossible, deux solutions s'offriraient. La première serait une séparation entre la famille et le jeune ménage qui s'établirait alors dans une habitation séparée. La seconde solution, le divorce, aurait lieu dans le cas où la jeune femme serait coupable de désobéissance grave envers les parents de son mari.

Le divorce, autorisé par la loi dans diverses hypothèses, n'est pas d'un usage aussi fréquent que peut le faire penser la manière dont s'assortissent les unions et que laissent supposer les éléments de discorde que l'on croit exister dans la famille. Il est même assez rare que l'époux en vienne à cette extrémité. Cela tient à plusieurs motifs parmi lesquels on doit noter l'éducation de la femme, la polygamie et l'autorité souveraine du chef de la famille.

Le *Livre d'or* des femmes enseigne qu'elles sont, dans la nature, des êtres faibles devant puiser toute leur force dans la douceur, la patience et la soumission; qu'elles sont des *ombres*, de *timides souris* dans la maison; que leurs aptitudes physiques et morales, bien différentes de celles de l'homme, leur imposent des devoirs spéciaux en rapport avec la mission qui leur incombe. On dit même aux femmes qu'elles tiennent le *dernier rang* dans la société. La loi qui les exclut de tout héritage confirme les sages avis de l'illustre sœur de Pan-houy-pan. Il résulte de cette éducation que, tout enfant, la femme s'habitue à l'idée d'une soumission constante. Ce n'est pas qu'on lui dénie l'intelligence ; mais on lui représente la modestie, la douceur et la soumission comme autant de vertus qui doivent caractériser sa mission.

Sans examiner pour le moment le rôle de la femme dans la famille, nous devons préciser ce qu'on attend de l'épouse dès qu'elle est reçue chez les parents de son mari. C'est encore le caractère d'écriture à l'aide duquel on la désigne qui nous guidera.

Quand on considère la *personnalité* même de la femme légitime, la jeune fiancée conduite vers la demeure de son époux futur, sans établir de rapport, soit entre elle et la maison qui la reçoit, soit entre elle et son mari, on la nomme *cheu* 媸. Ce caractère se compose du signe générique de la femme et du mot *ti, racine ;* voilà donc une fois encore la femme ramenée au souvenir d'une destination conforme au culte des ancêtres. Cette épouse se souviendra qu'elle est *comme la racine* de la famille. Il nous a paru assez curieux de rapprocher du caractère *ti* celui qui désigne une *courtisane, tchâng*. Ce dernier représente une femme toute resplendissante de l'éclat du soleil, femme *brillante et riche*, 娼. L'antithèse se trouve donc établie entre les deux femmes par les seuls noms qui les désignent. Poursuivons-nous ce genre de comparaison par les caractères idéologiques? Voyez le mot ou, *une femme belle ;* le signe générique de la femme se trouve associé à un autre caractère, complet par lui-même, ayant le même son, et qui veut dire *moi*. Ainsi la femme belle se présente hardiment ; *je suis moi*, semble-t-elle dire, regardez et admirez 姫. Personne ne se trouve associé à sa beauté ; l'égoïsme domine. On dit aussi d'une belle femme qu'elle est *reine* (1), qu'elle domine ; l'orgueil se voit dans ces diverses désignations. Notons que ces caractères n'expriment pas *la beauté*, mais *une* beauté.

Quant au mot *fou*, que nous avons indiqué plus haut comme signifiant à la fois *beauté* et *femme légitime*, en l'analysant on tombe dans un pro-

1. Mais non pas *reine de blancheur*, ainsi que cela se dit de la *femme mère*, (v. infra).

saïsme absolu. Ayons cependant l'audace de dépeindre la beauté: c'est *une femme* tenant... *un balai !*

C'est une aberration d'esprit ! s'écrie-t-on. A coup sûr, il n'y a ni poésie, ni élégance dans ce caractère ; mais il y a mieux : on y voit une femme accomplissant l'une des plus humbles occupations qui, pour beaucoup, sont d'impérieux devoirs.

Ne dit-on pas que le P. Lacordaire, en descendant de la tribune sacrée, se rendait à la maison de son ordre et s'occupait aussitôt à balayer les couloirs ou les chambres? Cela était-il risible? C'était plutôt le spectacle admirable d'un grand génie puisant dans l'humilité la force de résister aux entraînements de la gloire. En ne voyant dans le caractère *fou* 婦, que le fait d'un *devoir accompli*, on comprendra qu'il puisse désigner la beauté.

Il existe un autre mot signifiant *beau*, c'est *ngo* représentant une femme associée à *un homme unique et portant la parole.*

Poursuivons encore la recherche de l'idée dominante dans quelques mots chinois.

Associe-t-on les caractères femme et fils? on obtient le mot *hao* 好, signifiant ce qui est *bon,*

9.

ce qui est *bien*. Ici, plus d'égoïsme, plus d'individualité orgueilleuse ; la femme a rempli sa mission ; la racine a poussé une branche, l'une demeure attachée à l'autre. C'est encore là un devoir accompli ; cela *est bon et bien.*

Et maintenant, une femme *laide*, comment sera-t-elle représentée ? Comme une femme *qui parle*, 姤 . Est-ce à dire que les femmes chinoises soient condamnées au mutisme ? Point du tout. Seulement, il y a bien des façons de parler. Parmi les êtres animés, chaque être a un langage à soi propre ; l'agneau et le lion ont dans la voix des modulations dissemblables, et nous leur reconnaissons aussi des instincts différents. Chacun doit rester dans son caractère, nul ne doit « forcer la nature ». On dit chez les Hindous — comme aussi en Italie et même dans le midi de la France — que « la poule ne doit pas chanter » ; celle qui s'avise d'imiter la voix du coq est tuée aussitôt. C'est dans le sens de cette maxime que les Chinois tiennent pour laide une femme qui parle.

La *parole*, entendue comme marque de commandement, appartient à l'homme. Non pas à *tout* homme, non pas à l'homme *par cela seul qu'il est époux*, mais AU PLUS ANCIEN DE LA BRANCHE AINÉE DE LA FAMILLE. C'est lui qui, assisté de quelques autres parents âgés formant comme son conseil, est chef, juge, *magistrat* dans sa famille. Magistrat privé, plus puissant que le magistrat public, il peut non seulement condamner à mort, mais encore, de sa propre autorité, faire exécuter sa sentence.

Il y a quelques années, deux jeunes gens mariés, appartenant à la même famille, furent surpris en adultère; le chef de la famille décida qu'ils seraient ensevelis ensemble et vivants. Cette terrible condamnation fut aussitôt exécutée. On mura les deux coupables dans un tumulus en pierre, comme cela est d'usage pour les morts.

Un crime étant commis dans une famille, le mandarin n'intervient et n'évoque l'affaire à son tribunal, que si le chef de cette famille ne la juge pas.

Il nous faut encore, pour achever l'examen de la constitution de la famille chinoise, dire quelques mots de la polygamie.

Ce terme manque ici d'une rigoureuse exactitude. La polygamie réelle s'entend de plusieurs femmes, égales en titre, de plusieurs épouses placées en même temps sous l'autorité d'un seul époux : c'est ainsi qu'elle existe chez les Arabes. Tel n'est pas le caractère qu'elle revêt en Chine.

Là, comme autrefois chez les Hébreux, tout homme ne peut avoir à la fois qu'*une seule* épouse légitime; mais dans le but de propager sa race, s'il n'a point d'enfant mâle, il prend comme *favorite* une servante, une femme d'humble condition,qui reste d'ailleurs soumise à l'épouse. Cette coutume n'est pas actuellement justifiée chez les Chinois par un besoin social, puisque le chiffre de la population est très élevé; mais elle répond à l'exigence du culte des ancêtres,dont nous avons parlé; elle rentre à titre d'impérieuse obligation dans le devoir de piété filiale.

Cette favorite porte le nom général de *tsiè*; il est très remarquable que ce caractère représente une femme se tenant debout 妾. C'est réellement une servante qui passe et n'a pas le droit de s'asseoir à côté de l'épouse.

Les enfants de cette femme seront réputés appartenir à l'épouse; de telle sorte que la favorite venant à mourir, ses fils ne prendront le deuil que pour quarante jours; au contraire, ils porteront trois ans (ou 27 mois) celui de l'épouse légitime.

Dans toutes ses conséquences, le mariage est donc bien un acte de piété filiale.

La *maison* même semble être associée à l'autorité des ancêtres, autorité toute bienveillante et protectrice; et cela devait être, puisqu'elle est le temple des aïeux.

C'est encore l'analyse d'un caractère que nous proposons — ce n'est pas le moins touchant! Un même mot, *chée*, 舍 , signifie à la fois *maison* et *pardonner*. On le figure par un homme qui domine le signe de la parole.

Tout dans l'institution de la famille chinoise se rapporte à la piété filiale, comprenant l'autorité des ancêtres, le respect envers tous les chefs vivants ou morts, la soumission des enfants, l'accord de tous les membres de cette famille unis par le souvenir d'une origine commune et par le devoir de soutenir l'honneur d'un même nom.

N'avions-nous pas raison de dire, au début de ce chapitre, que la famille telle que la comprennent les Européens ne peut être comparée à la famille chinoise?

CHAPITRE IX

LA FEMME ET L'ENFANT

Ce que nous venons de dire de la femme n'a aucun rapport avec son existence, sa vie à l'intérieur, ni avec son autorité dans la famille.

D'après certains caractères dont nous avons donné l'analyse, il peut sembler, et l'on croit généralement, que l'autorité de la femme ou comme épouse ou comme mère est en Chine à peu près illusoire, sinon tout à fait nulle. Cette appréciation nous paraît fausse.

Théoriquement, grammaticalement même, l'hommage que les Chinois rendent aux grandes qualités de la femme peut être exposé en quelques mots. Ces hommes, ces prétendus *barbares*, ont su découvrir dans la compagne de leur vie, dans l'être qui se trouve comme la racine de leur famille, ce qu'il y a de meilleur, c'est-à-dire la faculté, ou, pour être plus exact, le *don d'aimer sans égoïsme* et de se grandir par la maternité.

Ainsi, tandis qu'ils désignent *ce qui est excellent* et admirable par le caractère *miào* 妙, représentant une jeune fille, une jeune vierge, ils font de la femme devenue mère une reine, reine *couverte de blancheur et de pureté,* 媓. Il est très remarquable que l'idée d'un rehaussement, d'une régénération par la maternité existe dans tout l'Orient. Par elle-même, la femme est un être faible, mal équilibré, auquel une protection, un appui incessant est nécessaire pour vivre et se développer. Elle est en quelque sorte un être incomplet, empruntant à d'autres ce qui lui manque. Aussi les Hindous disent-ils que si la femme est honorée, si elle est pourvue de parures, la famille entière devient brillante. Mais dès que la femme est devenue mère, elle revêt un caractère nouveau, un caractère sacré. Ainsi, en Chine, pour rendre sensible cette différence, tandis que l'on établit une relation entre l'épouse et la *maison*, on compare la mère à un *temple*. Bien plus, on ne dira pas *chè* ou *chée*, maison, pour *épouse* ; il faut une périphrase : ce qui est droit, *convenable dans la maison,* pour désigner l'épouse légitime ; ce qui est incliné, *renversé dans la maison,* en parlant de la femme de second rang.

Tout au contraire, pour la femme-mère, la métaphore se trouve complète: la mère est le *temple même*, de telle sorte que si l'on dit à un Chinois: « le noble temple existe-t-il toujours? » 合堂在不在, *lin tang tsay pou tsay?* il entend fort bien qu'on lui demande si sa mère vit encore.

La femme est donc comme la racine, la souche de la famille; elle en devient la reine lorsqu'elle a poussé un ou plusieurs rejetons.

L'ensemble de ces idées indique que la femme ne saurait être, dans la société chinoise, ni comme une esclave, ni comme une créature malheureuse et déconsidérée. Si elle y tient un rang en apparence différent de celui qu'occupe la femme dans la société européenne, c'est que les Chinois ne la détournent point de sa mission. Elle peut être reine, mais son royaume ne saurait être autre que la famille; elle peut avoir de l'esprit et le montrer, mais cet esprit restera dans la famille. Les hommes étrangers au groupe de parents qui vivent réunis ne le connaîtront point. Elle s'occupe des affaires intérieures, mais ne se mêle point aux passants de la rue; si elle sort, c'est en palanquin, comme dans l'ancienne Rome, et pour se rendre chez ses proches ou chez une amie : s'il lui fallait agir autrement, sa modestie serait blessée.

Dans toute maison, quelques pièces sont réservées aux femmes; elle peuvent quitter cet appartement, aller où les appellent les soins du ménage, mais nul homme, s'il n'est un très proche parent, ne peut en franchir le seuil. Ce n'est donc pas un lieu de claustration mais une retraite qu'on leur assure contre les indiscrétions mondaines.

A la porte de cette retraite cessent les propos légers, s'éteignent les bruits scandaleux.

Dira-t-on que cette existence doit être monotone et triste pour les femmes chinoises? Mais occupées des soins, des devoirs multiples qui incombent partout à toutes les femmes, celles-ci ont conscience de leur mission.

Tout d'abord dans la grande majorité des familles, même très aisées, les dames s'occupent du ménage, de la cuisine, de l'ordre général de la maison; elles tiennent la bourse et règlent la dépense. Des servantes peuvent être employées sans que leur concours dispense les dames d'une foule de soins et d'une grande surveillance. Elles ont en outre à faire et à entretenir tous leurs vêtements et bon nombre des vêtements de leurs mari, père, frères, enfants. Ont-elles des loisirs? Les unes brodent et font avec de la soie de merveilleux ouvrages, des écrans, des fauteuils, des nappes pour l'autel des Ancêtres ; d'autres peignent ou dessinent. Les belles-lettres ne leur sont pas fermées, il en est même qui parfois s'illustrent dans l'histoire ou la philosophie.

L'éducation des vers à soie, due à l'intelligence pratique de l'épouse de l'empereur Houang-ty (2697 avant Jésus-Christ), est d'un usage général en Chine, d'autant que, certains vers vivant sur le chène et l'Ailante, cette éducation n'est pas subordonnée à la présence de mûriers près des habitations. Les soins qu'elle exige, ainsi que le dévidage de la soie, sont confiés aux dames chinoises.

Il est une autre occupation, la première entre toutes et constituant leur mission propre : c'est l'éducation des enfants. A moins d'une impossibilité absolue et tout exceptionnelle, les dames chinoises allaitent leurs enfants. Puis, à son heure, commence l'éducation. Les petits garçons demeurent près de leur mère jusqu'à ce qu'ils aient atteint l'âge d'aller à l'école ou d'être instruits par un précepteur. A ce moment, ils reviennent bien chaque jour à leur nid, mais ils ne vivent plus dans l'appartement privé. Ils ont leur place dans l'aile gauche, près de leur père.

L'existence de la femme chinoise est donc pleine d'occupations utiles à la famille, au bien commun. La maternité a une telle importance pour elle que la certitude d'accomplir sa mission lui donne comme un regain d'activité et de bonheur. Ce bonheur sera d'autant plus vif que l'espoir d'être mère aura été plus longtemps déçu. Un seul nuage obscurcit son horizon : le ciel lui accordera-t-il *une brique de pierre précieuse* (un fils) ou n'aura-t-elle *qu'une simple tuile* (une fille)? Elle mange de l'iris fœtidissimum, du « glaïeul puant » dans l'espoir d'avoir un fils — c'est une superstition des Chinois. Pour l'un comme pour l'autre de ces enfants, elle sera bonne mère ; mais la naissance d'un fils lui serait un titre auprès des ancêtres auxquels un ministre, un représentant futur, serait acquis.

Voici donc qu'un petit enfant est venu au monde. Est-ce un garçon ? Le chef de la famille le porte sans tarder devant l'autel domestique ; il l'élève dans ses bras et, comme le faisaient les anciens Romains, il le présente aux esprits protecteurs de la famille. Seulement, cette présentation n'est pas accompagnée d'une lustration ainsi qu'elle l'était à Rome. On demande aux ancêtres de reconnaître pour leur descendant ce fils accueilli avec tant de joie.

Lorsque cet enfant est une fille, *niu-oua-oua*,

la présentation devant la Tablette ne se fait qu'après plusieurs jours. Pan-houy-pan assure que c'est là une marque donnée aux femmes de leur infériorité native.

Dès sa naissance, l'enfant reçoit un *nom de lait* composé de deux mots, par lequel les parents et amis le désignent. Ce nom choisi par un ami renferme toujours soit une illusion gracieuse, soit une idée d'ambition. Ce sera par exemple, pour un garçon, *tsin-sin*, le cœur tranquille ; ou *tchâng lin*, le génie éclatant ; ou *lién sién*, le divin nénuphar. Pour une fille, *hy lién*, joyeux nénuphar ; ou *foû-yn*, fleur de nénuphar .... Seulement tandis que le nom de lait d'un petit garçon lui est imposé avec quelque solennité, tandis que cette cérémonie donne lieu à des réjouissances, à un grand repas, il est au contraire donné aux fillettes sans pompe aucune. Pour elle, les amis ne se dérangent pas ; ils ne viennent ni complimenter son père, ni offrir à sa mère des œufs teints en rouge, ce qu'ils font à la naissance d'un garçon.

Pendant le mois qui suit la naissance de l'enfant, la jeune mère ne sort pas de la maison. Après ce temps elle va rendre visite à ses parents. Elle se rend chez eux en palanquin ; car, nous l'avons dit, la modestie, la pudeur naturelle à la femme sont considérées comme un empêchement à ce qu'elle se promène à pied dans les rues. En dehors de ces raisons de haute convenance morale, il existe d'ailleurs un autre obstacle à sa marche : on devine que nous faisons allusion aux pieds déformés de la femme chinoise. Cette déformation, assez douloureuse pendant la durée de la croissance, n'empêche pas réellement les dames de marcher, mais, forcément, elle rend cet exercice pénible.

Comprimés dans de longues bandelettes en toile, les pieds ne peuvent se développer ; les bottines d'une femme chinoise ne sont pas plus longues que les souliers d'un enfant de quatre ans ; elles ont une semelle extrèmement plus étroite, 3 centimètres environ; mais elles sont assez hautes pour loger tout entier cette sorte de moignon.

Au logis les femmes marchent vite, mais elles *glissent* et ne peuvent éviter un balancement régulier sans lequel leur équilibre serait compromis. L'usage cruel, inutile et fort étrange de déformer ainsi les pieds des fillettes chinoises, date environ de l'année 1145 av. J.-C. Il fut introduit dans la société par Tan-Ky, favorite du mauvais empereur Kié, connu aussi sous le nom de Chéou-Sin.

Après qu'elle a visité sa famille, la jeune mère reprend le cours de ses occupations intérieures, occupations qui se trouvent augmentées par les soins qu'exige le petit enfant. C'est ici que se placent naturellement ces questions si controversées en Europe : les Chinois exposent-ils leurs enfants? les abandonnent-ils ? les donnent-ils en pâture aux pourceaux ? les vendent-ils?

Bon nombre de voyageurs ont répondu affirmativement à *toutes* ces questions; d'autres au contraire ont nié jusqu'au fait même de l'abandon et de l'exposition.

La vérité, nous l'affirmons, n'est ni dans l'une ni dans l'autre de ces assertions.

L'exposition des enfants par leurs parents ne peut être niée, puisque des *documents officiels*, rapports des ministres et décrets des impératrices régentes, en ont constaté l'existence.

Une grande pauvreté jointe à une nombreuse descendance sont les deux causes auxquelles on doit attribuer l'abandon. Ce fait n'a pas lieu de surprendre les Européens, puisqu'il se produit chaque jour dans nos villes. Cependant en Europe ce sont, presque sans exception, les filles-mères qui se déchargent du devoir d'élever leurs enfants; ajoutons encore que souvent elles jugent plus simple ou plus conforme à l'intérêt de leur réputation de supprimer le témoin de leur faute. L'infanticide n'est pas une rareté en France; il est moins fréquent en Chine qu'on ne le dit communément, parce que les filles-mères s'y trouvent en très petit nombre. Ce sont des femmes mariées qui exposent leurs enfants; elles sont donc en apparence très coupables, puisque dans le travail commun, dans l'union de leurs efforts à ceux de leur protecteur, elles trouveraient sans doute le complément de ressources nécessaire pour nourrir l'enfant. On est d'autant mieux autorisé à le croire que 0 fr. 10 cent. de notre monnaie, c'est-à-dire vingt sapèques, suffisent en Chine à faire vivre une personne. Mais il ne faut pas se hâter de juger sur la seule apparence.

En déposant son enfant sur le seuil d'une riche demeure, comme autrefois la femme romaine au pied de la *colonne Lactaria*, la femme chinoise espère qu'il sera non seulement recueilli, mais encore élevé par les personnes qui occupent la maison : car tel est l'usage.

Le jour venu, on découvre le dépôt; alors on fait porter l'abandonné à l'*hospice des petits enfants — you yn tang —* établissement de bienfaisance qui existe dans toutes les villes importantes, ou bien la famille qui a trouvé l'enfant le garde et l'élève à ses frais soit dans la maison même à l'aide d'une chèvre, soit dans une famille pauvre chez laquelle se trouve une nourrice.

Comment arrive-t-il que les enfants exposés meurent ou soient dévorés par les pourceaux ? Plusieurs causes produisent ces accidents. Les familles riches s'absentent souvent de la ville ; elles vont à la campagne, dans ce que nous pourrions appeler leur *maison mère.* Si l'enfant a été déposé au seuil d'une maison inhabitée, il peut se faire que le gardien de l'immeuble ne le découvre que plusieurs heures après l'abandon, alors que déjà le petit être est mort de faim.

L'abaissement très sensible de la température qui se produit pendant la nuit, même en été, dans certaines régions de la Chine, dans les environs de Pékin, par exemple, est encore pour les frêles créatures un sérieux danger.

L'eau gèle souvent même pendant les nuits d'été : comment le petit abandonné ne souffrirait-il pas du froid !

Il existe en outre pour lui un autre péril. Dans un grand nombre de localités, les porcs vivent en quelque sorte à l'état libre. Ils vont, surtout la nuit, par les chemins, par les rues, cherchant quelque provende dans les tas d'immondices. La voracité de ces animaux est d'autant plus grande que leur avidité n'est pas toujours satisfaite. S'ils rencontrent un petit enfant déjà faible ou endormi, nul doute qu'ils le dévorent ou tout au moins qu'ils lui fassent de mortelles blessures. Il n'en est pas autrement en France dans les campagnes où parfois des porcs ou des rats causent la mort de petits enfants, qui cependant ne sont pas abandonnés.

Seulement en Chine, dans le cas de mort, pour éviter tout scandale et pour ne point *troubler la paix* d'une famille — car la loi punit l'exposition lorsque l'enfant en meurt — on emporte les restes du petit cadavre à la voirie. Mais si la mère de l'enfant apprend ce malheur, elle en ressentira un profond chagrin, puisqu'en l'abandonnant elle a eu l'idée d'assurer son bien-être, et non la volonté de causer sa mort.

Les petites filles et, parmi les garçons, les derniers nés, sont les seuls enfants que menace l'abandon; car l'aîné des fils appartient en quelque sorte aux ancêtres.

L'exposition des enfants est donc réelle, mais

elle n'a pas le caractère de cruauté qu'on lui prête généralement. Elle devient du reste de jour en jour moins fréquente par suite des asiles créés soit par des personnes bienfaisantes, soit par le gouvernement. En 1866, la Régente ordonna de multiplier ces asiles et de les établir sur le modèle des maisons dirigées par les chrétiens. C'est ici que se présente une autre question vivement discutée : l'opportunité de l'Œuvre chrétienne de la Sainte-Enfance.

Si les Chinois ne tuent pas leurs enfants : si l'abandon devient moins fréquent, à quoi servent, dit-on, les sommes envoyées chaque année pour recueillir les petits Chinois ?

Il est aisé de justifier l'utilité de l'œuvre tout en respectant la vérité ; on peut facilement exposer l'ensemble des moyens qu'elle met en jeu pour propager le Christianisme, tel étant son véritable but.

Que l'abandon soit d'un usage plus ou moins restreint, il n'en est pas moins très réel. Les missionnaires ont un double intérêt à s'occuper de recueillir les petits enfants : intérêt humanitaire puisqu'en les découvrant peu après l'heure de l'exposition, il est possible, de les soustraire aux dangers qui les menacent ; intérêt religieux puisqu'en se substituant aux familles chinoises, ils rendent ces enfants chrétiens.

Chaque nuit, dans les grandes villes, quelques femmes chrétiennes parcourent les quartiers où l'on dépose généralement les abandonnés; si elles en découvrent, elles les portent à une Chrétienté où l'on s'occupe de les mettre en nourrice, puis ensuite de les confier aux asiles et aux écoles. Il arrive parfois aussi qu'une famille pauvre et nombreuse cède au missionnaire son autorité sur quelque enfant qui est placé aussitôt dans un établissement dirigé par des religieuses ou dans un petit séminaire. Le fait de la vente d'un enfant par son père est fréquent, — le droit de vente est consacré par la loi. En outre, nous affirmons qu'un très grand nombre de petits Chinois ont été achetés par les missionnaires à d'autres qu'à leurs parents.

Comment cela a-t-il pu se faire?

Il y a quelques années, on s'émut en Chine du nombre considérable de jeunes enfants qui disparaissaient. Les enquêtes ouvertes soit par l'autorité chinoise, soit — à Canton, par exemple — sur l'initiative des Anglais, amenèrent la découverte d'associations criminelles ayant pour but le rapt et la vente des enfants. Ces malfaiteurs procèdent à peu près comme les Bohémiens et les gens sans aveu qui, en France même, à certaines époques au milieu des plus grandes villes volent les enfants. Détourner un enfant de sa route, l'emmener par force ou par ruse à l'abri des recherches de sa famille et de la police, ce n'est pas une entreprise très difficile. Il nous souvient qu'en Algérie pendant une année de disette, soixante enfants disparurent, enlevés en peu de mois, dans une seule ville, par des Arabes et en plein jour. Jusqu'à l'enlèvement d'un jeune garçon qui réussit à se dégager assez pour crier, il avait été impossible de découvrir les coupables. Et cependant ces malheureuses victimes, dont la plus âgée avait douze ans, témoignaient du crime après leur mort puisque leurs vêtements, leurs cheveux, leurs entrailles étaient souvent retrouvés. En outre, les indigènes, auteurs de ces rapts, étaient en petit nombre au milieu de vingt-cinq mille Européens en défiance et se trouvaient, par leur costume même, désignés aux recherches de la police.

Le vol d'un grand nombre d'enfants a donc pu se commettre longtemps en Chine avec impunité. Dans la seule ville de Canton l'enquête des Anglais établit qu'une bande de malfaiteurs avait en

10.

levé, puis vendu, *vingt mille* petits Chinois. Cette bande, capturée, fut exécutée tout entière.

Ce fait suffit à lui seul pour disculper les missionnaires accusés à tort d'avoir « inventé » l'achat des enfants pour exciter la charité publique.

L'œuvre de la Sainte-Enfance ne se borne pas à recueillir les enfants abandonnés ou cédés à l'autorité des chrétiens : elle cherche à faire progresser la Foi par la charité.

Un des moyens les plus efficaces consiste à envoyer dans les villes des médecins ambulants, chinois et chrétiens, avec les médicaments les plus usuels pour le traitement des jeunes enfants. Ces médecins s'établissent dans une boutique vacante où ils accrochent comme enseigne des cartouches en cotonnade blanche sur lesquels se détachent en grosses lettres les mots suivants : « On offre de visiter les petits enfants malades. C'est gratis. »

Les femmes chinoises averties de la présence du médecin, sachant aussi que la consultation a lieu gratuitement, s'empressent, si elles ont des enfants malades, de les conduire au praticien.

Celui-ci examine la veine du doigt indicateur gauche du petit malade. C'est à la couleur et au gonflement de cette veine que les médecins chinois connaissent la maladie des enfants jusque vers l'âge de sept ans. Si la veine est noirâtre, ils pressentent une mort prochaine. En pareille hypothèse, le médecin avertit la mère que le mal est grave ; puis, tout en causant avec elle, tout en préparant le médicament, il baptise l'enfant. Il se renseigne sur le nom et la demeure de la famille, il inscrit ensuite ces indications sur un registre spécial, marquant d'un signe particulier le nom des enfants baptisés.

Après un séjour de quelque durée, le médecin s'éloigne, poursuivant sa mission. Puis, après une absence de trois ou quatre mois, il revient dans la localité, procède comme la première fois ; on ne manque pas de lui apporter à nouveau ses jeunes clients. Mais l'étonnement de le voir donner encore gratuitement ses soins amène quelques questions sur le but qu'il se propose. Le médecin répond qu'il désire seulement faire un peu de bien ; qu'en agissant ainsi, il se conforme simplement à la religion du « Maître du ciel » ; il donne des renseignements plus ou moins précis suivant les dispositions probables du public devant lequel il parle. Généralement, à son troisième séjour, une partie de la population est assez disposée à connaître la doctrine chrétienne pour qu'un catéchisto demeure dans le village afin d'éclairer les Chinois qui désirent être instruits. C'est ainsi que s'établissent un grand nombre de chrétientés, et cela grâce aux ressources pécuniaires dont peut disposer l'œuvre de la Sainte-Enfance, « du sou des petits Chinois ». Cette œuvre a des asiles, des maisons de *seconde naissance*, des écoles chrétiennes pour les garçons et pour les filles: Elle peut donc être considérée comme le plus puissant agent de la civilisation.

Pour résumer ce que nous venons d'exposer au sujet de l'abandon des enfants, nous dirons : l'*exposition* a lieu ; elle est blâmée par le gouvernement, punie même par la loi, lorsque l'enfant meurt et que les parents sont connus; l'État et des personnes charitables ayant institué des asiles où l'on reçoit les enfants des familles trop pauvres pour les élever, l'exposition proprement dite devient moins fréquente. Malgré ces améliorations, le rachat des petits Chinois n'est pas une « pure invention » des missionnaires puisque, d'une part, certaines familles vendent un ou plusieurs enfants, et que, d'autre part, leur bonne foi à pu être surprise par des voleurs d'enfants.

Revenons maintenant à la vie privée de la famille et particulièrement de la femme.

Nous avons lu avec surprise dans l'étude du général Tcheng-ky-tong que la femme chinoise peut aliéner les biens en communauté Cela serait d'autant plus étrange, qu'il n'y a pas en Chine de communauté de biens entre époux, dans le sens que nous donnons à ces mots, la femme n'ayant point de dot et n'en recevant pas de son mari.

On a pu croire que le Chinois achète une épouse, tout comme l'Arabe. Voici ce qui a donné lieu à cette erreur : lorsqu'une famille riche et jouissant de quelque illustration recherche pour l'un de ses fils une jeune fille pauvre, bien que très honorable, il est d'usage que le prétendant ou son père donne à la famille dont il désire l'alliance, une somme assez considérable pour rehausser le prestige de cette famille, et cela beaucoup moins dans l'intérêt personnel des parents de la fiancée, que dans le but de ne point paraître se mésallier. Ce n'est donc pas un *achat* et cependant, lorsqu'on n'est pas très au fait des coutumes chinoises, on ne saisit pas l'idée à laquelle répond ce présent fait réellement à titre gracieux. Au reste, ce don concerne *les parents* de la jeune fille ; quant à celle-ci, la loi, l'écartant de toute hérédité, lui dénie du même coup le droit de posséder, à titre de propriétaire, des champs ou des maisons.

Si donc, dans son ménage, elle peut disposer de sommes importantes, c'est que, en se trouvant associée à l'existence de son mari, étant son *aide*, elle jouit de ses revenus comme elle participe à ses honneurs. C'est en outre que, dirigeant les affaires intérieures de la famille, il est indispensable qu'elle puisse faire les achats nécessaires aux exigences quotidiennes de la vie.

Les dames françaises, celles-là même dont le contrat de mariage ne leur laisse la disposition d'aucun bien, n'agissent pas autrement.

Nous venons de dire que la femme participe aux honneurs dont son époux se trouve revêtu. C'est là encore un rapprochement entre la société chinoise et l'antique société romaine où la femme d'un homme *illustre* était illustre elle-même.

L'épouse légitime d'un mandarin de première classe jouit du premier titre de noblesse, *tà fou*; celle d'un mandarin de deuxième classe est honorée du titre de *reine*; son mari ayant une dignité moins haute, elle sera comparée à la *Concorde*, à l'honneur, à la paix...

Le titre honorifique du mandarin est porté par ses *ascendants*; il appartient aussi à ses descendants pendant trois générations pour la première classe, pendant deux générations pour le deuxième et le troisième ordre et seulement à la première génération pour les dignités de quatrième à septième ordre.

Chaque ordre a des marques particulières de distinctions consistant spécialement dans la couleur du globule qui domine le bonnet de cérémonie et dans l'animal représenté sur le *rational*. L'ordre le plus élevé a droit au globule *rouge* et à la figure d'une *cigogne*; le deuxième ordre porte globule rouge mat et l'image d'un faisan doré, etc. Les dames ont de même un costume de cérémonie spécial à leur rang. Il y a donc conformité absolue de position entre elles et leur mari.

De ces honneurs extérieurs, de cette société fermement établie entre les époux, de cette communauté de vie et d'amitié, serait-il exact de conclure à une paix constante dans le ménage? Ce serait, à coup sûr, pousser trop loin la déduction. Encore bien que l'institution de la famille soit basée sur des principes durables et que dans l'organisation sociale à tous ses degrés on trouve des éléments sérieux de concorde, d'union, de respect réciproque, les Chinois *sont hommes*, c'est-à-dire sujets aux passions, enclins au mal, sous quelque forme qu'il prenne. Le philosophe

Meng-tsè, ardent propagateur de la doctrine de Confucius, disait : « Ils sont bien rares les hommes qui ne causent à leurs femmes de premier et de second rang des sujets de chagrin et de larmes ! » Il nous faut donc admettre qu'il y a des nuages dans le ménage, tout comme il en vient au ciel. Où n'y a-t-il pas d'orages ? Si d'ailleurs on considère que l'époux exerce une autorité souveraine sur sa compagne et qu'il relève, en cas de faute grave, d'un juge qui est son aïeul, d'un conseil composé de ses propres parents, on admettra que son humeur puisse avoir une influence considérable sur la femme qui lui est unie. En outre, celle-ci souffre presque toujours de la présence d'une favorite, car s'il est entendu que cette favorite ne doit occuper dans l'intérieur d'autre rang que celui d'une servante soumise à sa maîtresse, demeurant debout devant elle, la réalité s'écarte souvent de la convention.

C'est bien en raison des mille ennuis auxquels, dans sa vie, l'épouse peut se trouver en butte, que la sage et prudente Pan-houy-pan exhortait la femme à s'accoutumer dès l'enfance à tout souffrir sans murmurer, à tout supporter avec égalité d'âme, ne songeant qu'à ses devoirs, sans souci de ses droits. Cependant, cette réserve faite, on peut assurer qu'en général la femme chinoise n'est ni malheureuse ni esclave.

Les bas fonds d'une société ne doivent pas être sondés dans le but de connaître les mœurs d'un peuple. Ils recèlent sans exception, tous les vices, toutes les indignités; en Chine, comme en Europe ce sont les plus grandes villes qui donnent les plus funestes exemples d'immoralité. Là se rencontrent ces jeunes filles ayant encore l'apparence d'enfants et qui ne « savent plus rougir ». Là aussi quelques maisons mal famées semblent l'asile du jeu et de l'ivresse. Le jeu surtout a pour les Chinois un attrait irrésistible; on en a vu offrant leur femme comme enjeu; mais il n'en faut pas conclure que ce soit un usage. Quant à l'ivresse, elle est de deux sortes. L'une résulte de l'abus de l'opium, l'autre est produite par l'eau-de-vie de grains. L'opium se fume étant couché sur un lit de repos; il conduit à une sorte d'hébétement qui rend bientôt difficile, sinon impossible, une occupation sérieuse. Toutes les classes de la société connaissent ce mal et en souffrent sans avoir l'énergie de s'en affranchir.

L'ivresse par le vin, par l'eau-de-vie, est beaucoup moins fréquente qu'en Europe et r su'te presque toujours des entraînements d'un repas.

Les Chinois ont trop de respect envers eux-mêmes et la société pour paraître en public dans cet état dégradant. Aussi dans les villes maritimes, le spectacle des marins européens titubant dans les rues est-il un véritable scandale, auquel on doit attribuer en partie le peu de prestige dont jouissent les étrangers. Les Chinois, grands partisans du décorum, pardonnent volontiers les excès de tous genres, mais ils blâment l'exposition de ces excès, l'étalage de ces licences. Et vraiment, cette manière de voir, ce respect du prochain produit d'heureux effets. Les mœurs s'en ressentent et l'enfant qui se rend à l'école ne se croise point avec des hommes avilis au point d'avoir perdu la dignité humaine.

Il serait à souhaiter que les Chinois se montrassent, en toutes choses, aussi rigoristes.

Le décorum général est remarquable, d'autant plus que le respect de la femme n'y a aucune part, les dames vivant en dehors de la compagnie des hommes étrangers à la famille.

Ce n'est pas à dire cependant qu'elles soient sans influence dans la société; seulement, cette influence salutaire s'exerce à l'intérieur, particulièrement sur les enfants dont la mère forme l'esprit. Épouse ou mère, la femme est consultée toutes les fois qu'il y a lieu de prendre quelque résolution importante. Cette coutume témoigne d'une grande considération envers la femme. L'anniversaire de sa naissance donne lieu à une fête tout intime et très gracieuse. Ses propres parents se joignent à ses enfants et à la famille de son mari; on lui offre des vœux de fortune et de bonheur, et quelques présents. Puis un double repas est servi, l'un aux hommes, dans le salon, qui est aussi la salle à manger; l'autre dans l'appartement réservé. Après ce repas, des acteurs ambulants jouent dans le jardin quelque comédie toute morale à laquelle les dames assistent dans une sorte de tribune spéciale.

En s'adressant à une femme, on lui donne le titre de *très honorable mère*, si elle appartient à la haute classe; autrement on la nomme *sœur aînée*. Il faut, avant d'adresser un compliment, être au fait de certaines expressions imagées, consacrées par l'usage et qui ne répondent pas exactement aux figures de rhétorique européennes. Ainsi: dire d'une jeune fille qu'elle est une belle fleur, c'est l'insulter, car cette expression désigne une courtisane. Mais on peut dire qu'elle est *semblable à une fleur, légère et gracieuse comme une hirondelle*. On peut encore assurer que « le visage d'une jeune personne efface le disque du Lapin de Jade » (la Lune); que « ses yeux sont purs comme les eaux d'automne, ses sourcils effilés comme des feuilles de peuplier au printemps »; que sa beauté ferait *descendre du ciel les oies sauvages* ou sortir les poissons des rivières.

On dira d'une femme dont le teint est très blanc que « la couleur de sa peau est aussi belle que *la couleur de la graisse nouvellement fondue* ».

Ce sont là des métaphores élégantes et fort bien reçues. On n'adresse guère de banal compliment à une femme déjà mère. Pour elle, l'approbation précieuse entre toutes est celle qui touche à l'éducation de ses enfants : c'est là sa mission, c'est là son œuvre : elle y applique tous ses efforts. Il s'agit pour elle d'habituer ses fils à réfléchir et à raisonner : tel est le génie chinois, que la force du raisonnement, l'habitude de gouverner sa propre pensée, de comprendre ce qu'il voit ou entend et de vouloir fermement une chose, semble ce qu'il y a de plus désirable pour un homme.

Si nous pouvions comparer l'éducation païenne des petits Chinois à l'éducation donnée à ses enfants par une mère vraiment chrétienne, nous dirions que l'une est toute de *philosophie* et l'autre toute d'*amour* ; que l'une forme l'homme pour une société pleine de ruses et de pièges dans laquelle on se soumet à toute autorité parce qu'on en redoute la puissance ; que l'autre façonne le cœur et l'esprit de l'homme afin qu'il discerne le bien du mal, qu'il accomplisse le premier, qu'il fuie le second, et cela par crainte, non d'un châtiment, mais de déplaire à Dieu en méconnaissant ses lois.

En un mot, en prenant pour terme de comparaison celui dont saint Augustin se servit dans son admirable étude, nous dirons : l'éducation des Chinois les établit membres par excellence de la *Cité des hommes* ; celle que prodigue la mère chrétienne doit rendre l'enfant digne de la *Cité de Dieu.*

Vers l'âge de sept ans, les petits Chinois se rendent à l'école ou reçoivent un précepteur ; en un mot, ils commencent à étudier la langue et bientôt la littérature.

Suivons-les dans cette étape de la vie, étape inégale en durée comme en fatigue, longue pour les uns, brève pour les autres ; pleine de mécomptes ou de satisfactions et conduisant l'enfant jusqu'à l'âge où l'homme se révèle en lui.

CHAPITRE X

Les Chinois, gens essentiellement pratiques, disent que « le plus beau lendemain ne rend pas la veille ».

Aucune maxime ne saurait être ni plus vraie ni plus utile. Le labeur d'aujourd'hui ne rachète pas l'insoucieux repos d'hier. Chaque heure, chaque jour qui passent sans avoir ajouté quelque fétu à la somme de nos connaissances, sont réellement à tout jamais perdus pour nous ; chaque parcelle de temps qui n'est pas employée utilement grandit notre faute et rend plus ardue, plus pénible, la tâche qu'il nous faut remplir.

Tous, petits et grands, nés au nord ou au sud, à moins de *mettre notre conscience derrière notre dos*, —style chinois, — nous convenons que le temps perdu ne se regagne pas.

Les Chinois le reconnaissent d'autant plus

volontiers que, par tempérament, ils aiment à s'occuper sans hâte, sans trouble, gravement, non point sans une certaine activité, mais du moins sans précipitation.

Ils habituent leurs enfants, tout petits encore, à *penser* et à *vouloir*. Aussitôt que leurs fils savent comprendre, lier l'une à l'autre deux idées, ils les font instruire. Aucune loi ne les y oblige; cependant tous, presque sans exception, s'efforcent de faire donner à leur fils une instruction proportionnée à l'intelligence de chacun.

Les collèges et pensionnats sont inconnus en Chine à moins que l'on ne range sous cette dénomination, les asiles où l'on recueille les orphelins, les abandonnés. Tout village où se trouvent seulement huit ou dix enfants en état d'étudier possède une école et les études ne sont soumises ni à un programme officiel ni à une durée régulière. L'État s'est réservé la collation des grades; mais on ne demande aux candidats que de répondre aux examens : peu importe la méthode qu'ils ont employée pour acquérir la somme de connaissances exigées.

Le secret de la grande diffusion de l'instruction se trouve dans l'observance de la piété filiale. Les *Kins*, « livres par excellence », enseignent que l'homme sans instruction n'acquiert pas de mérite, tout comme le jade qui n'est pas travaillé demeure sans valeur. Ils disent aussi que, sans impiété envers les ancêtres de la famille, un père ne peut négliger de faire instruire ses fils. Supposons qu'il n'y ait pas encore d'école au village; comment un père de famille,—nommons-le Ouen-yu, accomplira-t-il cette obligation toute morale mais très impérieuse? S'il avait des ressources pécuniaires suffisantes pour lui permettre de rémunérer un précepteur, il n'éprouverait aucun embarras : le mandarin l'aiderait à trouver dans la province soit un bachelier, soit même un homme non gradé dans les lettres, mais réputé assez instruit et réunissant les conditions de bonnes mœurs désirables chez un maître. On donne à un précepteur le logement, la nourriture, et, comme honoraires, de 40 à 50 piastres, soit environ 200 à 250 fr. par an. Cette dépense n'est pas excessive; cependant Ouen-yu, ne pouvant la supporter, fait part de son embarras aux autres chefs de famille qui peuvent se trouver dans les mêmes conditions, c'est-à-dire ayant des fils en âge d'être instruits.

Ces différents chefs de famille s'entendent et chacun s'engage à payer annuellement une somme proportionnée à ses ressources. La pauvreté n'est pas une honte; sans aucune humiliation, l'un souscrira pour 5 fr., un autre pour 50 au plus. Dès que l'entente aboutit à une souscription jugée suffisante, on s'assure du concours d'un maître.

Quant à l'école même, rien de plus aisé à découvrir. Ce ne sera pas un « palais scolaire » mais deux chambres seulement, l'une servant d'habitation au professeur, et l'autre de classe aux élèves. Ces deux pièces seront louées à peu de frais ou même offertes gratuitement par un ami des belles-lettres.

Lorsque l'école existe et qu'elle se trouve fréquentée par un nombre suffisant d'élèves, nombre qui ne doit pas dépasser 30 pour un seul maître, le prix de l'instruction varie d'après l'intelligence de l'élève. Pour celui qui travaille courageusement, qui apprend vite, qui est en un mot susceptible de recevoir une instruction étendue, on payera *davantage* que pour l'écolier paresseux ou inintelligent. Cela peut sembler illogique, car dans les collèges européens un élève médiocre cause plus d'ennui et de mal à son professeur que trois ou quatre enfants bien doués. Il n'en est pas de même en Chine où l'écolier inintelligent constitue dans sa classe *une unité,* rien de plus. Le maître ne lui donne aucun soin. Distingue-t-il au contraire un enfant appliqué, comprenant facilement et de mémoire heureuse? Il s'efforce de le faire progresser rapidement ; en quelques mois, il lui enseignera ce que d'autres élèves mettront plusieurs années à apprendre.

La moyenne du prix annuel de l'instruction pour toute une école de 30 enfants est de 60 à 80 francs.

Voici donc que le jeune Ouèn-hièn, fils de Ouen-Yu, fréquente une école. Pense-t-on qu'il en éprouve de l'ennui? Loin de là. Le seul titre d'élève lui donne une importance grandie, enflée par son imagination. A l'école, il n'est plus le gamin tapageur, insouciant, battu sans scrupule ni ménagement lorsque la voix de la mère devient impuissante. Tout ignorant qu'il soit encore, le petit garçon, s'il est intelligent, prétend être dirigé comme un futur lettré; il est grave et se donne de l'importance. Le maître ne se permettrait pas de frapper un élève avec la main : ce serait une grave insulte pour l'enfant. Tout écart d'attention ou de conduite est relevé, puni même mais autant que possible par des reproches. Le maître représente à l'écolier qu'il se rend indigne de la protection de ses aïeux, qu'il manque gravement à la piété filiale et, le plus souvent, ces exhorta-

tions suffisent, grâce à l'éducation première qu'il
a reçue, à faire rentrer l'élève dans le devoir.

Cependant on peut lui imposer de rester à genoux un certain temps, ou bien encore on peut lui
donner *dans le creux de la main* quelques coups
d'une règle en bois plate et flexible, ainsi que le
magistrat peut faire aux lettrés coupables.

C'est donc avec un sentiment de fierté que
l'enfant se rend à l'école. Déjà il se voit bachelier ;
sa petite tunique de soie bleue lui paraît étroite,
sa robe trop courte ; sa natte s'allonge, il rêve
que son bonnet se trouve orné d'un bouton d'or.

Pénétrons avec lui dans la classe.

Le voici qui gravement se dirige vers le por-
trait de Confucius, ornement de toute école et de
la plupart des maisons particulières. Il porte respectueusement à son front ses deux mains ser-
rées l'une contre l'autre et par trois fois s'incline
profondément : c'est le salut nommé *ta tsien*, salut qu'il va aussitôt accomplir devant le maître.
Ce respect n'a rien de banal, il n'est point simulé ;
nous avons dit aussi qu'il ne sera pas éphémère puisque jusque dans sa vieillesse, jusqu'au
faîte des honneurs, le Chinois vénère son ancien
professeur au point de n'oser s'asseoir en sa présence.

En s'adressant directement au maître comme aussi en parlant de lui, l'élève l'appelle *sien sen* (nô avant moi) ou *lao fou tsè* (très respectable maître).

Après avoir fait les saluts d'usage, l'enfant prend place devant une des petites tables de travail au long desquelles les élèves se groupent par trois ou quatre. Au signal donné par le maître, chacun s'assied.

Il s'agit tout d'abord de réciter la leçon du jour ; cela s'appelle *tourner le dos au maître* (1). En tout pays l'enfant est tricheur. Qui de nous n'a commis le méfait de noter sur ses ongles, dans ses mains, sur un papier collé contre la chaire... un passage mal retenu ? Soit qu'en Chine les maîtres aient plus de finesse, soit que les disciples montrent une malice redoutable, on prend la sage précaution de placer l'élève qui récite, le dos tourné au professeur et les mains derrière le dos. Dès lors, impossible d'aider sa mémoire par quelque signe tracé d'avance ou par un regard furtif jeté sur le livre du maître. Quant à se faire,

1. Il résulte de cet usage que la formule équivalant à « apprendre sa leçon par cœur » est celle-ci : « faire monter sa leçon dans le dos. » On dira donc à un élève : *ngy ty chou pei le chang lay mô?* c'est-à-dire littéralement : as-tu obtenu que ta leçon monte dans le dos?

comme on dit en Europe, *souffler* la leçon par un ami complaisant, il n'y faut pas songer, car chaque écolier a une leçon spéciale. C'est là une des particularités remarquables du système d'instruction employé par les Chinois : il ne comporte pas de classes devant durer de tel mois à tel autre, délai pendant lequel trente enfants confiés au même maître feront les mêmes études. Un enfant de sept ans travaille en Chine côte à côte avec un jeune homme de seize ans. Chacun a sa tâche ; l'un apprend à reconnaître les caractères de la langue écrite, l'autre achève de se préparer aux épreuves du baccalauréat ; celui-ci explique les premiers chapitres de Chou-kin ; celui-là étudie la poésie antique dans le livre des Vers. A l'un, il faudra dix ans pour acquérir le premier grade universitaire, grade qui le mettra hors la loi commune et le dispensera de se mettre à genoux devant le mandarin. Cinq ans suffiront à un autre ; beaucoup s'arrêtent en chemin, leur ambition se bornant à connaître assez la langue pour comprendre les livres courants, les livres de *petit style*. Ce résultat est-il très pénible à atteindre ? La langue chinoise offre-t-elle vraiment des difficultés si grandes que les Chinois eux-mêmes n'osent les affronter ? Longtemps en Europe on a fait de cette langue une sorte d'épouvantail scientifique et littéraire. Actuellement une opinion tout opposée s'établit en France : il devient de mode d'affirmer que nulle langue n'est aussi facile à apprendre que le chinois : deux ou trois mois d'étude un peu attentive doivent permettre d'atteindre ce but. La vérité n'est ni dans l'une ni dans l'autre de ces opinions.

En Chine, deux ou trois mois suffisent à un Européen pour apprendre à parler correctement et à *se faire comprendre*. En Europe, ce résultat demande un délai plus long, un travail *personnel* plus grand, des efforts plus soutenus. Enfin on se ferait illusion si l'on croyait pouvoir connaître la langue parlée et surtout *se reconnaître* dans ses dédales, sans avoir étudié quelque peu la langue écrite.

Ce n'est pas qu'il y ait deux *idiomes :* mais les caractères de l'écriture représentent généralement une idée abstraite, une chose, et répondent rarement au nom qui leur est donné. Ce nom n'a de rapport avec le sens du signe que s'il est *imitatif :* comme par exemple *maô*, chat. En outre, le même nom est donné à plusieurs caractères qui diffèrent comme sens, et le même signe peut changer de valeur, avec la place qu'il occupe dans la phrase.

Il y a donc dans la langue chinoise, des difficultés très réelles bien qu'elles diffèrent totalement de celles que l'on rencontre dans les langues européennes. Nous reviendrons dans un
instant sur ce sujet. Mais, dès maintenant, nous
pouvons affirmer que l'étude du chinois est pleine
d'attrait.

Les erreurs répandues chez nous sur cette langue sont aussi nombreuses qu'étranges, et ces
erreurs doivent être attribuées beaucoup moins
aux voyageurs qu'à certains savants.

L'un a écrit : « La combinaison de 450 *syllabes*
avec 214 *clefs* a produit le total effroyable de
80.000 caractères. En France, pour écrire 80.000
mots de notre idiome, 24 lettres nous suffisent
abondamment. *Pour écrire* 450 *mots chinois, il a
fallu* 80.000 *lettres.* « C'est plus qu'il n'en fallait
pour apprendre à lire toute sa vie... Ces 80.000
mots épuisant à peu près toutes les combinaisons
des syllabes primitives, la Chine *ne peut plus
ajouter un mot* à son vocabulaire et une conception à son entendement. »

Un autre s'exprime ainsi : « Les mots de cette
langue sont sans couleur, sans vie et sans forme ;
L'athéisme répond à la forme des langues chinoi-

ses. Est-ce que cette forme du langage n'est pas en harmonie *avec l'esprit athée* du Chinois qui fait du vide la première cause, du néant la fin suprême, qui nie les plus hautes réalités, Dieu et l'âme?... »

On a dit aussi : « La langue chinoise avec sa structure inorganique et incomplète n'est-elle pas l'image *de la sécheresse d'esprit et de cœur?* »

Enfin on a écrit : « Selon les Chinois, la clef tribunal ou section, serait un tribunal devant lequel chaque caractère vient en quelque sorte comparaître et témoigner... »

En tout ceci, les sinologues peuvent sans peine distinguer de nombreuses erreurs.

On dit : « Pour écrire 450 mots chinois, il a fallu 80.000 lettres. »

Nous répondons : Pour exprimer 80.000 idées, DIX TRAITS (pas même 24) ont suffi (1). On ne peut en effet reconnaître que dix signes dans tous les caractères. Ces 80.000 caractères représentent autant d'idées ou de choses; ils ne causent pas plus d'embarras à un Chinois que les 100.000 mots de

______

1. Trait horizontal; vertical; oblique de droite à gauche ; oblique de gauche à droite ; en forme de larme; courbé; aigu ; en spirale ; en crochet ; recourbé.

la langue française n'en donnent à un Français.

Les dictionnaires chinois les plus usuels n'en comptent que 12 à 15.000. La célèbre explication des caractères antiques, *Cho ouén*, due à HIU TCHÉN, parut au IIe siècle de l'ère nouvelle. Le premier, cet auteur rangea les caractères par 540 familles ou *clefs* qui ne sont autres que des caractères primitifs. Il compta seulement 9353 mots; ceux qui, par la suite, furent introduits ne contiennent que l'élément phonétique et sont dus aux bouddhistes. Par la suite, les clefs augmentées ou diminuées furent réduites, en 1628, de 550 à 214. Elles servent comme nos lettres alphabétiques à trouver les caractères dans le dictionnaire. Il y a loin entre ce rôle et celui d'un *tribunal !*

Les caractères chinois, surtout les anciens qui étaient idéologiques, symboliques et idéo-phonétiques, sont de véritables petits tableaux. Leur nom importe peu : ils désignent une chose, une idée, aisément reconnaissables. Ils peuvent donc être aussi poétiques que le désirent ceux qui les créent. Aucune langue ne se prête mieux à l'introduction d'idées nouvelles. En innovant un nombre considérable de caractères auxquels ils donnèrent des sons identiques, les bouddhistes ont établi une cause de confusion. On évite cette confusion d'abord par une intonation variée; ensuite par l'adjonction de certains mots qui achèvent le sens, le complètent ou définissent la *nature* du mot.

La meilleure justification de la langue chinoise ne servira de rien tant que les linguistes, les savants qui l'attaquent ne prendront pas la peine d'approfondir l'étude de cette langue même; nous estimons que le chinois, mieux que tout autre idiome, se prêterait à être la langue universelle.

N'insistons pas davantage sur ce sujet.

Il résulte de la nature idéologique des caractères chinois que la partie essentielle de l'étude consiste à savoir lire et surtout à comprendre le *génie* de la langue. Aussi les exercices imposés aux élèves portent-ils sur les *Kins*.

L'enfant a deux choses à apprendre : la prononciation des noms donnés aux caractères, la valeur de ces caractères mêmes. Au lieu d'étudier sa leçon à voix basse, il la répète à haute voix. Cette méthode a deux avantages : le premier est de permettre au professeur de relever toute erreur d'intonation ; le second, d'éviter que l'écolier simule une application soutenue et se borne à regarder son livre.

Au début des études on n'exige de l'enfant que l'examen de cinq ou six caractères par jour. Lorsqu'il en prononce bien un certain nombre et sait les reconnaître au milieu de plusieurs autres, il les *calque* sur des modèles très soignés, assez gros pour que tous les détails ressortent et frappent même une personne inhabile à l'analyse des traits.

Ces modèles sont tracés sur du papier fort ; ils ressortent, tantôt en noir, tantôt en blanc. Le papier à décalque est très mince pour le débutant, plus épais pour l'élève déjà familier avec l'étude.

Cet exercice mène rapidement à l'imitation exacte des caractères les plus compliqués, d'abord en conservant le modèle devant soi, ensuite par le travail de la mémoire.

Dès que l'écolier triomphe de ces premières difficultés, il assemble des signes ; on lui fait étudier des phrases choisies dans les livres classiques, phrases se composant, pour le début, de deux caractères seulement ; puis de trois, de quatre... et qui le conduisent graduellement à comprendre les plus longues périodes.

Le *Livre des cent familles*, sorte d'histoire abrégée des familles chinoises, est un des premiers ouvrages mis entre les mains de l'élève. On lui donne à lire en outre un traité de piété filiale. Il apprend ainsi tout ensemble ses devoirs principaux et la partie la plus simple, mais en quelque sorte *vivante*, de l'histoire nationale.

Les dictionnaires par *sons*, c'est-à-dire indiquant le caractère auquel un mot de la langue orale est attribué, se trouvent naturellement plus à la portée des jeunes Chinois : ils savent parler et ne savent pas lire. Les recherches dans les dictionnaires *par clefs* sont au contraire les premières qu'un Européen puisse tenter. L'étude des clefs ne présente aucune difficulté. Il suffit d'une attention soutenue et d'une persévérance de quinze jours environ pour connaître ces caractères génériques et savoir les distinguer au milieu des plus savantes combinaisons. Cependant, dans certains d'entre eux, la clef se trouve tellement dissimulée que même de vieux sinologues peuvent éprouver de l'embarras à la reconnaître. Aussi la plupart des dictionnaires ont-ils un tableau, renfermant un certain nombre de ces hiéroglyphes, avec l'indication de la clef sous laquelle ils se trouvent.

Quant aux règles grammaticales de la langue écrite, elles sont à coup sûr plus simples que celles de tout autre idiome. Cette langue ne comporte ni conjugaison de verbes, ni déclinaison de mots, ni genre spécial du moins pour les choses inanimées.

Le pluriel n'entraîne aucune variation dans l'écriture. Toutes ces indications résultent soit de la position des caractères, soit de l'adjonction de certains signes auxiliaires, dont plusieurs n'ont eux-mêmes aucun sens : ce sont des caractères vides. Parmi ces termes auxiliaires, les uns expriment la relation existant entre les divers mots de la phrase : la possession, le complément direct ou indirect ; les autres, ajoutés à un *verbe* ou placés avant lui, en modifient le temps.

Lorsqu'il est nécessaire de préciser le genre, il suffit de faire précéder le terme à qualifier du signe caractérisant le masculin ou le féminin. Ainsi, par exemple, au sujet d'un enfant on dira : *lân oud oud*, pour un garçon ; *niû oud oua* pour une fille. On dit de même *lân jên*, un homme ; *niû jên*, une femme. Les caractères *kong* et *moû* désignent le genre chez les quadrupèdes.

Les règles multiples des langues européennes. leurs irrégularités sont autant d'inconnues dans la langue chinoise dont la simplicité est aussi remarquable que son élégance. Ce qui constitue une difficulté réelle pour un homme d'occident n'est autre, nous le répétons, que le *génie* de la langue chinoise, génie tellement opposé à celui des langues alphabétiques qu'il faut, pour le comprendre, un exercice soutenu.

Les idiotismes propres aux Chinois, les tournures de phrases auxquelles l'usage attribue un sens tout différent du sens résultant d'une traduction littérale, le changement de valeur d'un caractère par suite de sa position... forment un ensemble de particularités qui étonnent et découragent au début des études. Mais on se familiarise aisément avec elles par la pratique de la langue.

Certains idiotismes sont très curieux. Ainsi, *tche loüy* ou *tche mièn* signifie littéralement *manger le tonnerre* ou *manger des têtes de porcs*; et cela se trouve synonyme de notre locution vulgaire « faire sauter l'anse du panier ».

De même *che lien*, se traduit régulièrement par *perdre la face* et veut dire *se déshonorer*; ou bien encore « montrer le dos à la faveur et le visage au foyer domestique » n'est autre chose que tomber en disgrâce ou dans le malheur.

Montrer ses entrailles à quelqu'un, c'est lui découvrir ses pensées. La *chute des fleurs du prunier* est prise pour « l'époque du mariage », le *linteau de la porte* pour « un gendre ». *Faire du vent d'automne* n'est autre chose que « soutirer de l'argent à quelqu'un » ; *avoir deux visages et trois couteaux*, c'est « avoir deux visages et deux langues ».

Nous voudrions citer un idiotisme courant qu'il est bon de connaître sous peine de quiproquo grotesque ; mais la traduction nous paraît embarrassante. *Désirer aller voir le vent*, c'est *désirer...* aller où la nature exige que nous allions tous.

Les dictionnaires ne mentionnent que partiellement ces locutions spéciales; il faut donc les noter avec soin lorsqu'on les rencontre chez un auteur assez bien avisé pour en donner l'explication, ou quand un Chinois instruit peut en donner la paraphrase.

L'étude de la langue chinoise nécessite donc une grande attention et surtout de la persévérance; mais cette étude n'est pas ingrate, loin de là. Dès qu'on se trouve en état de discerner la pensée qui a présidé à la formation des caractères antiques, on éprouve toute la satisfaction d'un explorateur faisant une découverte précieuse ou curieuse. On voit en quelque sorte *la vie* dans ces caractères, dans ces petits tableaux qui jusque-là paraissaient seulement un bizarre assemblage de traits.

Telle est donc la tâche qui remplira, pour les

jeunes Chinois, quelques années d'études assidues.

La classe ouvre généralement à huit heures du matin, dure jusqu'à midi pour reprendre vers une heure et se prolonger jusqu'à quatre ou cinq heures. Un travail d'aussi longue durée causerait aux élèves une grande fatigue s'il n'était fréquemment interrompu par des instructions que fait le maître — temps de repos qui n'est certes pas un temps perdu.

En écoutant la voix du maître, les écoliers apprennent tantôt les grandes gloires militaires de leur pays ; tantôt quelques traits d'héroïsme ou de piété filiale, ou bien comment se fit une découverte scientifique, artistique ; soit encore comment vécut tel empereur ou tel philosophe.

Dans toutes ces instructions, si variées qu'elles soient, le professeur s'attache à inculquer aux élèves le respect du devoir de piété filiale.

Cela ne s'applique point aux écoles boudhistes ; ces écoles ne sauraient être que très élémentaires et ne sont pas dirigées par un *lettré ;* car la doctrine des lettrés ne varie point : c'est la doctrine de Confucius. Dans le public instruit ou seulement intelligent, les bonzes sont méprisés.

En Chine, l'instruction est mesurée à chacun suivant ses capacités. N'étant ni trop rapide ni forcée, elle ne fatigue point l'enfant, elle ne le trouble pas. Pénétrant sans effort dans l'esprit de l'élève, elle y fructifie sans l'épuiser. C'est là un avantage très appréciable, très précieux, de cette méthode sur le plan des études adopté en Europe. Dans nos collèges, il faut apprendre vite, apprendre *tout* au risque de ne savoir rien. Sorti d'un lycée européen, le jeune homme se croit un savant et généralement n'a point de plus grande hâte que d'oublier les connaissances acquises au prix de longues veilles. A-t-il par exception retenu la somme considérable de leçons qu'il a entendues ou apprises? Il se soucie fort peu de la morale, ne songe guère à ses devoirs, mais rêve à ses droits. Veut-il poursuivre ses études? Il ne tarde pas à découvrir avec stupéfaction qu'il ne sait rien. C'est que, en fait, il existe dans son esprit comme un chaos d'idées et de notions disparates; ces idées s'entrechoquent sans faire naître la lumière.

A part d'heureuses natures, à part quelques jeunes gens exceptionnellement doués, les lycéens qui pendant huit ou dix ans vivent loin de leur famille sont privés d'éducation et n'aiment point la vie calme au foyer domestique : ils veulent la *liberté* et ne pensent qu'aux plaisirs.

Les Chinois ont su éviter ce danger d'abord en laissant l'enfant sous la sauvegarde de sa mère ; ensuite en ne considérant l'instruction comme un bien qu'en raison des avantages privés ou publics qu'elle procure.

L'instruction donne l'illustration, les honneurs, la gloire... mais à combien d'hommes prodigue-t-elle ses faveurs ! Trois ou quatre mille candidats se présentant au chef-lieu de la province, pour subir les examens de la licence : deux cents peut-être seront reçus. C'est à son influence sur la masse de la société qu'il faut juger si l'instruction est un agent de paix ou de discorde, de force ou de dissolution. Elle produit en Chine d'heureux résultats, parce qu'elle repose tout entière sur la morale. La science proprement dite, le brillant côté de l'étude, ne se manifestent qu'à un nombre restreint d'élèves. La connaissance des devoirs sociaux se communique à tous. Tel est le caractère essentiel qui distingue l'instruction reçue en Chine. Ajoutons que les grades universitaires y ont une importance considérable. Les simples bacheliers, qui sont très nombreux, ont une haute idée de leur savoir. Comme ce grade rend accessibles les fonctions rétribuées par l'État, comme il marque le premier pas dans la voie des honneurs, il donne aux jeunes gens qui l'ont obtenu une haute estime d'eux-mêmes, estime qui se teinte de modestie lorsqu'ils ont subi avec succès l'épreuve des examens correspondant à ceux de notre licence, et mieux encore lorsqu'ils sont docteurs.

Cette particularité n'a rien de surprenant ; elle est d'ordre commun en tous pays.

Les examens du baccalauréat sont annuels ; ceux de la licence n'ont lieu que tous les trois ans au chef-lieu de la province et ceux du doctorat tous les trois ans aussi, mais à Pékin. Quelques professions entachées chez les Chinois d'une sorte de mépris public, sont un obstacle à l'obtention des grades littéraires. Ainsi, un barbier, un comédien, ne pourraient se présenter aux examens.

Le devoir d'instruire ses enfants est généralement entendu par le Chinois comme s'appliquant à ses fils seuls. Quant à ses filles, il leur donne parfois quelque instruction, mais toujours très sommaire. L'usage qui s'oppose à la libre circulation des dames dans les rues contribue à rendre leur instruction insuffisante, car les Chinois se décident difficilement à envoyer leurs filles à l'école.

Ils leur apprennent eux-mêmes à lire et à compter ; ou bien, s'ils possèdent quelque fortune, ils font venir un professeur, qui instruit l'enfant devant sa mère ou sous les yeux d'une parente respectable. C'est uniquement dans la classe des travailleurs que les jeunes filles fréquentent les écoles publiques.

Dans une importante province, une mission catholique a pu établir 390 écoles de garçons et 335 écoles de filles. Les premières ont été fréquentées, en 1834, par 7.300 enfants, tant payens que chrétiens. La proportion entre les deux éléments — chrétien et payen — se trouve être environ de 4 chrétiens pour 3 payens, soit 4.100 des uns et 3.200 des autres. La proportion dans les écoles de filles est toute différente ; elle se réduit, pour les payennes, à un quatorzième. Ces écoles ont été pendant la même période, fréquentées par 3.460 jeunes chrétiennes et seulement par 248 *payennes*. Ceci résulte du changement que la religion catholique apporte dans les mœurs des Chinois : la femme n'étant plus tenue à l'écart du monde, les jeunes filles se rendent presque toutes aux écoles.

Pour instruire les 7.300 garçons, il n'est besoin que de 450 maîtres ; il faut au contraire 390 maîtresses pour les 3.708 jeunes filles.

Si restreinte que puisse être l'instruction reçue par un Chinois, pourvu qu'elle atteigne à la connaissance d'un certain nombre de caractères, elle lui permet d'acquérir par la suite des notions philosophiques un peu étendues.

Tout, dans l'organisation sociale concourt à ce résultat. A l'extérieur comme à l'intérieur des maisons, de longs cartouches en papier, en toile, en soie, couverts de maximes conformes à la doctrine de Confucius et de Lao-tsè, sont appendus aux murs, et constituent un ornement indispensable :

« Le ver naît dans l'arbre et le tue ; l'amour-propre naît du mérite et en détruit la valeur. »

« Celui qui rougit de sa pauvreté ne sait plus rougir de soi-même ; le pauvre qui est vertueux ne peut jamais s'appauvrir davantage. »

Le Chinois a trop d'activité intellectuelle pour vivre à côté de ces cartouches, passer sans cesse devant eux, sans chercher à connaître les sentences dont ils sont revêtus. Il les lit ou se les fait expliquer.

C'est, en grande partie, à cette coutume que doit être attribué l'esprit philosophique qui domine toute la société et d'où résulte une sorte d'indifférence dans l'accueil fait à la mort.

CHAPITRE XI

LA VIE PRIVÉE; LA MORT.

On a dit : « Le Chinois nie les plus hautes réalités, Dieu et l'âme; ne voit partout que des fantômes sans corps, menés par le *hasard*.. »

D'outre-tombe, Meng-tsè, continuateur de Confucius, répond : « Il n'arrive rien qui ne soit ordonné par le ciel; il faut accepter avec soumission ses justes décrets. »

Avant Meng-tsè, Confucius écrivait : « Si, le matin, vous avez entendu la voix de la divine Raison, le soir, vous pouvez mourir ! »

Lao-tsè s'exprimait ainsi : « Le sage meurt et ne périt pas... L'Être suprème n'a pas de nom; il fait grandir et soutient toutes les créatures... Les tribulations, les angoisses, les pensées déréglées remplissent le cœur de l'homme de douleur et d'amertume. Alors il tombe dans les souillures du vice et dans le déshonneur, comme s'il était entraîné par les flots, il roule de la Vie dans la Mort, il s'abîme pour toujours dans un océan de chagrins, *il perd pour l'Éternité l'Être suprême.* L'homme peut acquérir par lui-même l'intelligence de l'Être suprême éternellement vrai, éternellement grand (1) ».

La glose de ce traité de métaphysique porte : « Lorsqu'un homme possède ce livre, il monte en esprit au delà des mondes et va adorer le Dieu haut et vrai... »

Il nous a paru intéressant de rapprocher ces affirmations tout idéalistes de l'accusation de matérialisme absolu portée contre les Chinois et si favorablement accueillie en France. Confucius reconnaissait expressément deux êtres dans l'homme : l'un visible, matériel; l'autre invisible, esprit, « capable de raisonner, — précieuse faculté donnée directement par le Ciel. » De ce que deux éléments constituent l'homme; de ce que l'un est immortel, tandis que l'autre est périssable, Confucius ne conclut pas que le souvenir du premier doive seul se perpétuer d'âge en âge. Au temps des premiers souverains de la Chine, les funérailles se faisaient en grande pompe, la mé-

_____
1. Tchang-Tsin tsin kin, livre de la pureté et de la tranquillité par Meou mou yuen, disciple de Lao-tsé.

moire des morts demeurait *vivante* au milieu des leurs. Les troubles politiques, l'état de guerre dans lequel la Chine se trouva longtemps plongée, affaiblirent le double respect que l'on portait aux défunts.

Confucius entreprit de faire revivre, sur ce point comme sur tant d'autres, les antiques coutumes. Il multiplia ses exhortations et donna l'exemple si rare d'un homme agissant comme il engage les autres à agir.

Lorsque mourut sa mère, il observa pour ses funérailles tous les anciens rites. Il s'appliqua d'autant plus à rétablir les usages relatifs aux obsèques, que ses amis, ses disciples même, trouvaient son projet hardi, presque irréalisable. Il ne s'agissait de rien moins, en effet, que de ranimer un sentiment paraissant à tout jamais éteint et de ranimer ce sentiment par le seul exposé de sa haute importance morale. Le philosophe s'efforça d'établir qu'aucune créature sous le ciel n'a une dignité supérieure à celle de l'homme. Tout ce qui constitue l'homme doit être respecté. Roi de la terre par sa double personnalité, il a droit aux hommages de la terre. Se montrer indifférent pour ce qui reste de lui après que le souffle de vie l'a quitté, c'est mépriser l'homme.

Tous, nous tenons les uns aux autres; tous, nous devons être animés d'un sentiment de respect s'appliquant à l'espèce, s'étendant indistinctement à chacun des individus. Les vivants sont reliés aux morts et, par ceux-ci, remontent à un ancêtre commun. Ils leur sont redevables de ce qu'ils savent, de ce qu'ils possèdent et de la vie même. Ils sont donc tenus envers eux non seulement au respect de la mémoire, mais encore à un témoignage extérieur de déférence et même à un hommage sensible, tangible, à une sorte de tribut de vassalité consistant en nourriture, monnaie, objets servant à l'entretien.

Les morts ayant tout donné aux vivants, il est juste que ceux-ci leur rendent dans la limite du possible une part de ce qu'ils ont reçu.

C'est par de tels arguments que Confucius parvint à ramener le peuple aux usages funèbres des temps anciens. Ce sont donc ces usages qui règnent en Chine et que nous allons exposer.

La prévision d'une mort dans la famille cause toujours et partout un certain trouble parmi les parents du malade. Mais, en Chine, surtout dans la classe aisée, lorsque la prévision touche un père, une mère, un ascendant, elle produit une activité qui semble fort étrange aux Européens.

Dès que le médecin annonce qu'un dénoûment fatal lui paraît certain et devoir se produire sous peu de jours, on fait venir... *un maître de chant et de danse*, afin qu'il enseigne aux descendants du mourant la manière dont ils doivent chanter et pleurer aux obsèques de leur aïeul. Les larmes ne sont donc pas l'expression naturelle du chagrin, de la douleur causés par la disparition d'un être tendrement aimé.

Cette douleur, si elle existe, a ses règles ; elle se manifeste en cadence, en conformité avec des rites précis. Lorsqu'elle n'est point réelle, on la simule. La cérémonie gagne alors en décorum tout ce qu'elle perd en sincérité : on observe en effet le son musical, le rite, les paroles convenues, d'autant plus exactement qu'un sanglot réel n'étouffe pas la voix.

Ainsi donc, plusieurs fois par jour, les enfants s'exercent à pleurer par avance leur père ou leur mère, ou leur aïeul. Au cours de ces répétitions l'agonie s'annonce et le mourant ne s'en effraye point ; elle vient, se prolonge parfois un jour et plus ; pendant cette période l'activité du maître de danse et de chant redouble ; puis enfin, la mort entre au logis. Alors, l'acte solennel des derniers devoirs à rendre peut s'accomplir.

On commence par faire la toilette dernière, devoir pénible, douloureux entre tous !

Le mort est revêtu de ses plus beaux habits, — lorsqu'il s'agit d'une personne riche on lui met sept robes de soie — ; il est coiffé de son bonnet de cérémonie. On lui introduit du mercure dans la bouche afin de retarder la décomposition, le cadavre devant rester exposé dans la maison pendant un assez long délai, — huit, dix et même *quinze jours*. — Le cercueil est en Chine un meuble de luxe ; c'est aussi un meuble qui se donne en cadeau à un ami, un parent, encore plein de santé. On orne, on enrichit soi-même sa demeure dernière ; la soie, les pierreries, l'or, s'y prodiguent ; on en a vu ayant une valeur de vingt à trente mille francs.

Le défunt étant habillé, on le dépose dans le cercueil ; des aromates et quelques pièces de monnaie sont placés aux côtés du mort ; puis on le transporte, soit dans la pièce spéciale dite *temple des ancêtres*, qui existe dans les maisons opulentes, soit dans la pièce centrale servant tout à la fois de salon, de salle à manger et de temple. Cette pièce est, pour la circonstance, richement ornée.

Les cartouches *rouges* sont remplacés par

d'autres qui sont *blancs*, car le blanc est la couleur du deuil.

De nombreuses bougies en cire végétale jettent leur clarté sur la scène de famille qui va se dérouler. Des *verges odorantes* brûlent et parfument l'air.

Voici donc que, tout étant ainsi disposé, la famille pénètre dans le salon ou dans le temple. Elle forme un demi-cercle autour du cercueil. Tous les parents sont revêtus d'habits de deuil en toile blanche; ces habits sont mal cousus, *faufilés*, frangés par le bas ainsi qu'aux manches. La natte des hommes est attachée tout au bout par un fil blanc.

Les assistants psalmodient les louanges du mort et pleurent selon les rites, puis alors, spectacle vraiment touchant, le fils aîné se détache du groupe ; appuyé sur un bâton, replié sur lui-même, tout courbé, abîmé dans sa douleur qui semble augmentée du poids de la douleur commune à toute la famille, il tourne lentement autour de son père qui ne se lèvera plus.

Cette cérémonie dure environ une demi-heure et se répète trois ou quatre fois par jour

Les Bouddhistes se font assister en cette circonstance par des Bonzes; les Confuciens par des *devins*, hommes qui « consultent les sorts » et se trouvent, dit-on, avoir quelques accointances avec les esprits.

Aussi longtemps que le mort demeure dans la maison, le chagrin de la famille se traduit de la même manière. Vient enfin le moment de conduire le défunt à son dernier asile.

Bien que la cérémonie funèbre s'accomplisse pendant le jour, on allume un grand nombre de flambeaux et de torches portés autour du cercueil. Une personne tient avec respect la tablette sur laquelle se trouvent inscrits les noms du mort. Le cortège prend lentement le chemin d'une propriété de la famille. Les sépultures sont en effet éparses dans la campagne, aux portes des villes, dans les jardins de la ville même, tout Chinois étant libre d'enterrer ses morts chez soi, c'est-à-dire dans un terrain particulier. Des champs de repos existent à l'usage des pauvres. Autant qu'il est possible, le cortège funèbre prend le même chemin que le défunt avait coutume de suivre pour aller visiter ses aïeux. Des amis de la famille, respectables par leur âge ou leur position, adressent pendant la marche des invocations aux génies protecteurs des routes et des champs. Puis, au nom du mort, ils disent adieu à tout ce qui les entoure.

« Adieu ! chemins fleuris, mes pieds ne vous fouleront plus ;—adieu ! arbres aux frais ombrages sous lesquels j'aimais à me reposer : je ne vous verrai plus ; — adieu ! lumière du ciel, tu ne m'éclaireras plus ; — adieu ! riantes collines, je ne vous gravirai plus ; — adieu ! ruisseau qui arroses nos champs, je n'entendrai plus ton doux murmure. — Et toi, sépulture de mes aïeux, désormais devenu ton hôte, je ne te porterai plus mes pieuses offrandes..... »

On fait alterner ces adieux avec l'éloge du mort. « Celui que nous pleurons était juste, plein de vertus ; il était doux au pauvre ; il aimait ses devoirs et les remplissait tous. Puisse-t-il ne pas oublier sa famille et la protéger sans cesse !... »

Autant les cris et les contorsions, inévitables dans les cérémonies funèbres, peuvent paraître grotesques, autant on se trouve réellement ému par ces adieux répétés. La coutume de placer les tombeaux dans les propriétés privées doit être regardée comme un des principaux obstacles à l'introduction des chemins de fer en Chine. L'établissement d'une voie ferrée entraînerait le déplacement d'un nombre considérable de sépultures, ce qui serait, aux yeux des Chinois, une profanation égale à ce que nous appelons un sacrilège.

Le mot *enterrement* employé à propos des funérailles chinoises est mal choisi, car on ne dépose pas le cadavre dans une profonde excavation selon l'usage d'Europe. A peine enlève-t-on un pied de terre sur une surface à peu près égale à celle du cercueil. Le sol est ensuite recouvert de dalles en marbre ou en pierre; deux madriers en bois placés sur ce dallage reçoivent le cercueil; un mur en forme de fer à cheval est construit sur trois côtés; une sorte de voûte ferme l'édifice. Sur le devant, on scelle une table de marbre portant en lettres gravées les noms et titres du mort. Les psalmodies, les pleurs, les chants en cadence accompagnent le défunt; ils redoublent quand le tumulus a été scellé pour toujours.

Mais, avant de fermer ce tombeau, on y dépose une tonne pleine d'huile dans laquelle brûle une mèche d'amiante. Un léger courant d'air ménagé dans la maçonnerie permet que cette pâle clarté éclaire le sépulcre pendant dix ans, vingt ans peut-être. Cette coutume n'est suivie cependant que par les familles riches.

Le cortège funèbre regagne ensuite la maison mortuaire et la *tablette* du nouvel ancêtre, glissée dans le cadre où déjà se trouvent les noms des aïeux de la famille est posée sur l'autel domestique. Chaque jour désormais célui qui n'est plus sera invoqué par ceux qui demeurent.

On pourrait dire que le corps de l'aieul est déposé sur la terre, tandis que son esprit plane au-dessus de l'autel. L'usage a consacré plus d'une formule pour exprimer qu'un homme est mort. Nous en distinguons trois : l'une figure une *chose*, les deux autres représentent une *idée*.

La première formule ou pour mieux dire le premier caractère s'applique à l'état *matériel* du mort ; il montre un être couché, *ne se supportant plus*, dont les os sont décharnés, 死 *sé*, un cadavre.

Les deux autres expressions en usage visent la destinée du défunt, *l'œuvre sociale de la mort*. L'une se compose de deux caractères, *kiù ché*, indiquant l'action de s'éloigner du monde, de quitter la vie terrestre. L'autre, *ko ché*, dit plus encore : elle signifie *aller au delà du temps*, au delà de la génération ; le mort a *passé la vie*, 過 世, comme il eût passé un fleuve.

Où va cet homme en franchissant, en passant la vie ? Que trouve-t-il au delà de l'existence terrestre ? Il monte dans le monde des Esprits qui est au delà des mondes, il vit à nouveau et pour l'éternité. Telle est, en substance, la croyance des Chinois.

Mais quelle sera cette vie nouvelle? Quelles peines sont réservées aux coupables, quelles félicités aux hommes vertueux?... Les Chinois ne s'en préoccupent point; ils ne possèdent que des notions vagues, incertaines, sur l'existence d'outre tombe et bien peu cherchent à résoudre les mystérieux problèmes dont seul, à vrai dire, Dieu peut révéler la solution.

Au triple point de vue religieux, humain et social, un fait importe entre tous : les Chinois admettent la vie après la mort, ils croient au châtiment comme à la récompense éternelle.

Lao-tsè, dont la doctrine exprime la partie dogmatique des croyances, représente le Tao, c'est-à-dire la Raison suprême, la Parole, le Verbe de de Dieu « comme l'*asile de tous les êtres*, le trésor de l'homme vertueux et l'appui du méchant ». Lorsque ce dernier, ajoute la glose, « craignant le malheur qui le menace, cherche à revenir à la vertu, il ne faut pas le repousser. »

Lao-tsè dit encore : « La Justice du Ciel est immense; ses mailles sont écartées, cependant personne n'échappe », ce que la glose explique ainsi : « Le Ciel paraît lent, mais il excelle à former ses desseins. Si grande que soit la rigueur des lois pénales du royaume, une foule de coupables réussissent à éviter le châtiment. Quant au filet du Ciel, il est immense et semble avoir aussi des mailles lâches, mais pas un méchant n'y échappe. »

L'illustre philosophe souhaitait que les hommes eussent de la mort une crainte salutaire, c'est-à-dire qu'ils la redoutassent *non point en tant que faisant cesser de vivre*, mais en raison de ses conséquences ultérieures pour les coupables. Il disait: « Si le peuple ne croint pas la mort, comment l'effrayer par la menace de la mort ? »

Une grande et belle pensée se réfléchit dans ce texte. Le fait de mourir n'est considéré comme un malheur réel ni par les Chinois ni par les Hindous, ni en général par aucun des hommes de l'Orient. Pour eux, le caractère spécial du malheur, c'est d'être une chose, un événement pénible et *contre nature*. La mort, se trouvant dans la nature, ne peut être en elle-même considérée comme un accident contraire à l'ordre général.

Lao-tsè, en désirant que le peuple ressentît la crainte de la mort, ne pouvait donc songer, comme nous venons de le dire, qu'aux conséquences de cet acte normal. L'immortalité de l'âme n'était pour lui l'objet d'aucun doute.

Il disait : « Celui qui se connaît lui-même est éclairé ; celui qui meurt ne périt pas ; il jouit d'une éternelle longévité. » Et le commentateur ajoute : « L'âme sensitive s'éteint, l'âme spirituelle garde sa lumière ; le cœur meurt, l'âme vit toujours. Le corps humain est comme *l'enveloppe d'une cigale* ou la peau d'un serpent : nous y demeurons seulement pour un temps... Bien que la peau du serpent soit desséchée, le serpent n'est pas mort... Le sage regarde la vie comme le matin d'un jour, et la mort comme le soir ; il existe et ne tient pas à l'existence, il meurt et ne périt pas. » On pourrait objecter que ces maximes et ces croyances connues des lettrés échappent au commun de la société qui par suite a pu verser dans l'ornière du matérialisme. Cependant l'usage que nous avons signalé de multiplier au dehors et au dedans des maisons, comme un ornement, des cartouches revêtus de sentences philosophiques a généralisé la plupart des idées dominantes des grandes doctrines. Ces idées se trouvent maintenant comme innées. Si un grand nombre de Chinois sont incapables d'en saisir la valeur et la portée, du moins, les ayant reçues, presque en naissant, ils les gardent inconsciemment, sans les approfondir.

Les athées sont peu nombreux. En dehors de l'opinion des philosophes et des moralistes sur les grandes questions de la destinée humaine, de l'origine et de la fin de l'homme, l'usage commun de munir le mort d'une certaine quantité de pièces de monnaie, *afin qu'il puisse payer ses dettes dans l'autre vie*, témoigne d'une croyance générale, populaire, en la vie d'outre-tombe.

Reste enfin, comme preuve dernière de cette croyance, le culte des ancêtres dont nous avons exposé certaines cérémonies, mais que nous devons considérer ici dans sa manifestation la plus gravement combattue : les repas, les secours matériels offerts aux morts.

C'est au printemps, le 5 avril, que se célèbre par tout l'empire la fête des morts selon le rite ancien ; cette cérémonie se renouvelle à l'automne.

Le tribut des biens que les vivants tiennent de leurs ancêtres, — ce tribut considéré par Confucius comme un témoignage nécessaire de déférence, — est alors déposé sur les tombes. Soigneusement débarrassées de toute souillure, les sépultures reçoivent la visite des membres de la famille qui peuvent accomplir ce pèlerinage. Si l'exil hors de la province dont on est originaire constitue une peine grave, un châtiment redouté, c'est particulièrement en raison de l'impossibilité qu'il apporte à ce pèlerinage. On offre aux défunts *cinq* sortes d'aliments préparés, qui sont déposés solennellement par les membres de la famille. On met en outre sur les tombes de l'eau-de-vie de grains. En un mot, c'est un véritable sacrifice qui s'accomplit, mais sacrifice *non sanglant*, bien qu'il comporte l'offrande de la chair. Les assistants se partagent les aliments apportés aux ancêtres, puis on brûle devant la sépulture du papier-monnaie *qui n'a plus cours*. Le porc est un élément inévitable de ces repas.

Dans son ensemble et par certains côtés cette coutume païenne rappelle les Eulogies des premiers temps chrétiens; et les mêmes raisons qui décidèrent saint Ambroise à condamner ces pratiques engagent les missionnaires à n'en pas tolérer l'usage parmi les Chinois convertis. Des abus, des profanations résultent de ces festins, de telle sorte que la visite des tombes dégénère en véritable partie de plaisir.

A l'égard de la fête des morts, le but que se proposait Confucius en ramenant le peuple aux antiques usages n'a pas été atteint. Sans nul doute, l'illustre philosophe eût condamné les usages actuels : faire ripaille, s'enivrer sur une tombe, ce n'est point honorer un mort, ce n'est pas se respecter soi-même. Cette fête cependant ne peut être retranchée des coutumes chinoises. Une tentative faite pour en modifier seulement l'*esprit* et les détails aurait quelque chance de succès si un homme d'un mérite égal à celui de Confucius voulait l'entreprendre en ce qui concerne les païens.

Quant aux Chinois devenus chrétiens, les missionnaires sont impuissants à retenir le plus grand nombre loin de ces fêtes en quelque sorte constitutives du culte des ancêtres. Mais ils obtiennent assez souvent qu'ils s'abstiennent de prendre une part active au repas.

Sept jours après les funérailles, les parents du défunt rendent visite aux personnes amies, qui sont venues apporter à la famille leurs compliments de condoléance et qui, pendant l'exposition du cadavre, ont dit au mort un dernier adieu. En remerciant ceux qui ont honoré l'aïeul, on remplit un devoir de piété filiale. Cette visite n'a pas en effet le caractère des relations habituelles, surtout lorsqu'elle est faite par les enfants du défunt, car la mort de leur père les astreint à vivre, pendant de longs mois, loin de tous plaisirs et même de leurs occupations ordinaires.

La robe de toile de chanvre, blanche et non ourlée, revêtue par eux lors de l'exposition du cercueil, sera leur costume durant trois mois.

Sous peine d'amende, ils ne peuvent pendant quarante jours se raser la tête. Le deuil d'un père ou d'une mère durait trois ans selon les anciens rites; l'usage l'a réduit à vingt-sept mois.

Le deuil de l'empereur se porte dans tout l'empire pendant quarante jours. Les fonctionnaires publics — mandarins de dernier ordre ou ministres — doivent à la mort de leur père ou de leur mère se démettre de leurs fonctions et rentrer dans la vie privée pendant vingt-sept mois; ils reçoivent du gouvernement la moitié de leur traitement annuel.

Pour mieux embrasser l'ensemble des coutumes relatives au deuil, il faut comprendre l'idée qui les domine toutes. Lorsque le père, cet homme *né auparavant*, et la mère, *racine* de la famille, viennent à mourir, c'est en réalité le principe même de la vie dont leurs enfants jouissent qui disparaît, qui s'éteint. Il convient donc que l'activité de la propre existence de ces fils soit suspendue. Ainsi s'explique pourquoi les rites anciens non seulement exigent que pendant la durée du grand deuil les descendants du mort vivent à l'écart de la société bruyante, loin des plaisirs mondains et des affaires publiques, mais encore les obligent à demeurer séparés d'avec leur femme. Si la date de la naissance d'un enfant faisait remonter le moment de sa conception au temps du grand deuil (trois mois) imposé à ses parents, une sorte de déshonneur atteindrait la femme qui se serait prêtée à la violation du devoir de piété filiale et son mari se trouverait passible d'une peine ou d'un blâme.

Nous le répétons, à la mort des aïeux, la vie des descendants doit être comme suspendue, arrêtée dans son cours, dans ses manifestations, dans ses actes essentiels. Elle devient en quelque sorte immobile, sans principe de force ni d'action, ainsi que le seraient les eaux d'un fleuve un instant privées de communication avec leur source. En un mot, c'est une vie sans aliment, une vie factice, comme peut l'être la végétation d'un arbre privé de quelque racine essentielle : elle ne reprendra sa vigueur qu'au moment où d'autres racines se seront affermies dans le sol. Le jour où son deuil expire, le Chinois redevient libre de ses actes, il reprend le cours de ses relations, le soin de ses affaires, le devoir de sa charge ; il reparaît sur la scène, rentre dans la vie publique.

C'est précisément cette vie publique que nous devons décrire.

Ce champ d'étude est bien vaste, bien étendu ! Si courte, si imparfaite que soit notre exploration, elle pourra mettre en lumière certains détails aussi curieux qu'intéressants.

LA VIE PUBLIQUE

CHAPITRE XII

POLICE ET JUSTICE. ASSOCIATIONS

En aucun pays on ne parle moins de *liberté*; en aucun pays on n'en jouit plus qu'en Chine.

« En tout, comme dit Montaigne, il y a le *mot* et la *chose*. » Certains peuples choisissent l'un ; les chinois préfèrent l'autre. Ajoutons même qu'ils ont cette *chose* complète, entière, normale, en ce sens que chacun peut en user sous la réserve des droits d'autrui : quand la liberté sort de cette limite elle devient un abus, c'est-à-dire un danger social, et les magistrats l'arrêtent dans son essor.

L'initiative privée, la valeur individuelle des hommes, sont en rapport direct avec la liberté d'action qui est accordée à la masse du peuple. Du principe que chacun peut se conduire à sa fantaisie sous sa propre responsabilité, découle comme première conséquence le droit de se protéger soi-même contre des empiètements toujours possibles.

Rigoureusement, cette défense des intérêts personnels ne s'étend pas jusqu'à la répression des crimes ou délits : il s'agit de se préserver d'un danger plutôt que de punir une faute, rôle qui appartient aux magistrats de divers ordres, chefs de famille ou mandarins.

Cette préservation, cette surveillance s'exprime d'un seul mot qui la caractérise : c'est la *police*.

La police s'exerce en Chine d'une manière très ingénieuse et fort simple. Les maisons sont réparties en divers groupes ; chaque groupe, chaque *thouan*, comprend généralement vingt habitations ; il a un chef nommé par les habitants, agréé par le magistrat, et ce chef répond de la tranquillité des vingt maisons. Il choisit ses auxiliaires, organise la surveillance du jour et de la nuit, veille à ce que ses ordres soient exécutés. Qu'un trouble quelconque se produise dans ce *thouan*, qu'un voleur vienne y exercer ses talents, qu'une femme de mauvaises mœurs s'y introduise... le chef du groupe ira-t-il informer le mandarin du fait anormal? Le magistrat lui répondra: « Ou est le voleur? Où est la femme? — Je ne sais. — Eh bien, cherchez! A chacun sa mission. »

On n'a donc recours au mandarin que le coupable *en main*. Cependant, lorsque ce coupable opposé une résistance énergique, on peut appeler en aide les satellites du juge. Au reste, ni la police particulière des groupes, ni l'intérêt de chaque habitant, ne sont absolument isolés. Chaque année, au moins une fois, les principaux habitants de la ville se réunissent dans une sorte de pagode et les mesures d'utilité commune sont proposées, discutées, approuvées s'il y a lieu. Suivant leur nature, ces mesures sont exécutées conformément à la résolution générale, ou bien présentées à l'approbation du magistrat.

L'institution des veilleurs de nuit, qui annoncent les heures par la ville à l'aide d'une conque, est d'un réel secours aux gardiens de la paix publique. L'usage d'annoncer les heures remonte à l'empereur Ouên-ty, régnant de 560 à 537 de l'ère nouvelle.

Les recours à la justice sont de deux sortes: civils ou criminels. Cependant, au point de vue du recours, les justiciables n'ont jamais à se préoc-

cuper du choix de la juridiction, car elle est unique. Les mandarins réunissent en effet toutes les
attributions administratives et judiciaires. Ils
sont tout à la fois préfets, juges civils, juges criminels. Quant au chef d'un village, sorte de
maire, il ne peut connaître des différends qu'à
titre de conciliateur; encore n'est-il que très rarement appelé à se prononcer en qualité de maire.
Les Chinois choisissent, de préférence au magistrat, un arbitre dont les connaissances spéciales
ou les qualités morales leur assurent une équi-
table solution des différends qui les séparent. Il
est très rare que les parties contestantes n'acceptent point le jugement porté par un arbitre libre-
ment choisi. L'affaire se termine généralement par
un dîner.

Au sujet de l'action des mandarins il convient
de rappeler que l'intervention de ces fonctionnaires publics est subordonnée à la volonté du
chef de la famille à laquelle appartiennent les
coupables ou les personnes en dissentiment.

Si le chef de la famille se désintéresse, ou
bien, en cas de désaccord purement civil, lorsque
sa décision n'est pas acceptée, le mandarin devient
juge régulier.

Les personnes qui ont obtenu par leur mérite,

ou qui jouissent par hérédité d'un privilège ou titre de noblesse accordé par l'Empereur, sont soustraites à la juridiction ordinaire et ne peuvent être poursuivies que sur l'ordre du souverain. Ces titres, divisés en huit classes, sont héréditaires, les uns, jusqu'à la deuxième, les autres jusqu'à la quatrième génération.

Les procès en Chine diffèrent, particulièrement sur deux points, des procès engagés en Europe. Ils n'entraînent pas de frais *légaux* et ne se prolongent pas généralement au delà de huit jours. En outre l'affaire s'expose par écrit ; les plaideurs déposent leur mémoire à la maison de justice ; point d'avoués ni d'avocats.

Dans toute ville assez importante pour exiger la présence d'un magistrat, il existe une sorte de palais de justice, un tribunal, et, dans ce tribunal, un bureau. Chaque partie porte à ce bureau un placet, sur lequel l'affaire est exposée en substance avec les arguments favorables à sa cause. Le mandarin étudie les deux pétitions, puis convoque les plaideurs ; au jour dit, il siège avec ses deux assesseurs et un greffier ; il interroge les parties, qui demeurent tête nue et à genoux, à moins que ces plaideurs soient des lettrés ; il fait venir des témoins s'il y a lieu, se retire ensuite avec les juges adjoints. Tous trois délibèrent en secret, reviennent dans la salle de justice où le mandarin prononce la sentence, qui est exécutoire nonobstant appel.

L'appel se porte devant un magistrat de la même province, mais d'une classe plus élevée que le premier juge. Celui-ci est-il sous-préfet d'une ville de troisième ordre? Le procès sera jugé en appel par le sous-préfet d'une ville de deuxième ordre ; puis encore, si l'appel est renouvelé, par un préfet de premier ordre, et ainsi jusqu'au tribunal suprême à la capitale de l'Empire. Ajoutons que le perdant fait rarement appel, surtout plusieurs fois.

Les sentences emportant condamnation pénale, et non pas seulement la fixation d'un droit, sont le plus ordinairement : l'amende, la prison, le rotin. Ce dernier châtiment s'applique sous les yeux du juge. On étend le patient, préalablement déshabillé, sur une table où il est attaché, la figure tournée vers la terre. Un satellite frappe avec un jonc autant de coups que l'indique la sentence et cela... sur le bas du dos du coupable.

Le nombre des coups dépasse rarement deux cents. La prison n'est réellement pénible que pour les condamnés dont les ressources pécuniaires sont insuffisantes et ne leur permettent point d'ajouter quelque nourriture au riz cuit à l'eau, seul aliment que fournisse l'État.

On dégrade un homme en coupant sa natte. Le châtiment est toujours proportionné à la faute ; les peines infamantes et la peine de mort édictées par la loi supposent donc une action criminelle plus ou moins grave. Les menottes aux mains, les *ceps* aux pieds, pour quelques heures ou quelques jours, constituent le plus faible degré des supplices. La flagellation avec des verges dont les lanières en cuir sont munies de nœuds est très douloureuse ; elle peut être employée, ainsi que le rotin, au cours même de l'audience en manière de torture pour obtenir un aveu. C'est généralement ainsi que l'on procède dans les actions intentées aux chrétiens chinois ou étrangers.

Le port de la *cangue, Kid*, peine infamante, n'est pénible qu'en raison de sa durée. Cet instrument de supplice est un plateau en bois percé au centre d'une ouverture assez large pour recevoir le cou du condamné. Le plateau est coupé par le milieu ; ses deux parties écartées pour laisser passer la tête du coupable, se rejoignent autour du cou et sont alors solidement fermées. Le patient, muni de la cangue, doit toujours la soutenir d'une

main pour que le poids ne l'entraîne pas ; il ne peut
ni se coucher ni reposer sa tête : c'est en cela que
ce supplice devient terrible. La condamnation à
la cangue peut être perpétuelle. Le condamné
doit se tenir dans un endroit fréquenté, généralement sous la porte de la ville. Un écriteau attaché
à sa poitrine ou à son dos relate les motifs du
supplice : cela est une aggravation de la peine.

L'exil hors de la province ou hors de l'empire,
en Tartarie, est prononcé pour des fautes graves,
mais il n'entache pas d'infamie au même degré
que les supplices. Le Chinois aime son pays ; aussi
l'exil est-il une peine fort redoutée. Mais le châtiment le plus terrible qu'on puisse lui infliger, c'est
de lui refuser de dormir son dernier sommeil dans
la sépulture de sa famille. Être enseveli loin des
siens, dans le champ commun des indignes, et
sans honneurs funèbres..., il n'est rien qu'un Chinois ne préfère à l'infamie de ce châtiment, infamie poursuivant son cadavre et s'attachant à sa
mémoire. Cependant la loi a de bien terribles co-
lères, de bien cruelles vengeances ! Notons la
mutilation soit comme peine principale, soit
comme peine accessoire aggravant la peine capitale. On peut couper : une oreille, le nez, une
jambe, un bras ou un poignet... La mutilation,

celle qu'on nomme par figure « le supplice des dix mille morceaux », précède le châtiment suprême pour les crimes de lèse-nation, de *lèse-nature*, si nous pouvons désigner ainsi les attentats contre le souverain, père-mère de la nation, et contre les ascendants.

La peine capitale s'inflige par *suspension* dans la cage que nous avons déjà décrite, par *strangulation* et par *décollation*. La tête du coupable est ensuite exposée de longs jours dans une cage en bois.

Nous avons dit qu'une condamnation à mort ne peut s'exécuter avant d'être approuvé par le haut Conseil de justice de l'Empire. Il arrive parfois, surtout dans les villes populeuses du littoral, que plusieurs exécutions se font le même jour.

Ces hommes, qui vont mourir, et peut-être avant d'expirer supporteront de cruelles tortures, sont conduits ensemble au lieu du supplice ; deux ou trois gardiens suffisent à les garder et cependant ces malheureux ne sont attachés les uns aux autres que par leur natte. Ils ne songent pas à fuir !

A juste titre, ces tortures, ces supplices nous semblent effroyables et paraissent dénoter une barbarie sans exemple. Mais n'oublions pas que, il y a deux siècles à peine, les tortures et le supplice de la roue étaient appliqués en France ; il y a moins d'un siècle, nos lois les autorisaient encore!

Où la critique perd ses droits, la pitié peut reprendre les siens ; la procédure criminelle de la Chine doit exciter la commisération plutôt que l'horreur. Il serait d'ailleurs illogique d'incriminer les seuls Chinois, dans une cause qui est celle de l'Orient tout entier.

Les facultés de l'homme se tiennent, se lient les unes aux autres pour former l'être moral. Il résulte de cette union que la rapidité de conception intellectuelle, la vivacité de sentiments, développent l'acuité des sens et la force des passions : du feu naît la chaleur, non point le froid. Tous les Orientaux possèdent une ardeur inconnue aux hommes du Nord ; ils savent la dissimuler sous une placidité apparente que rompent les troubles internes auxquels ils sont sujets. Sous l'influence de ces troubles, de ces orages, tout devient extrême en eux, l'héroisme comme la haine.

S'agit-il de punir un coupable ? Ils estiment que, sorti de la voie commune, ce coupable doit subir un supplice non commun. Veulent-ils purger la terre, soit d'un criminel, soit d'un ennemi? La mort rapide, sans agonie, leur semble trop douce ; ils lui cherchent une aggravation en rapport avec leur désir de vengeance ou avec la faute commise. Les Persans clouent le voleur à une porte par une oreille ; les Turcs l'enduisent de miel et l'exposent aux mouches ; les Hindous tuent leur victime à petits coups de poignard, ils la brûlent, l'enterrent toute vivante ; les Chinois la marquent au fer rouge, la mutilent, l'enferment dans une cage garnie de pointes aiguës... De tous les instruments de supplice la *cage de suspension* est celui qui sert le mieux leur haine ou leur justice. Par elle, ils peuvent aisément graduer l'agonie qu'il font durer dix minutes ou trois jours.

En un mot, l'Orient semble ignorer encore que, si toute société a le devoir de ravir l'existence à un homme dont la vie serait une menace pour la sécurité commune, elle n'a pas le droit de se *venger :* la haine doit être étrangère à la justice. S'il a fallu tant de siècles aux peuples chrétiens pour colorer leurs lois d'un reflet de la justice divine, comment s'étonner que des païens aient des lois cruelles ?

On pourrait encore faire une remarque. La colère et la cruauté sont le propre de l'enfance ; l'âge tempère les emportements. La clémence naît avec la force. Sur quelques points la société chinoise en est encore à l'enfance et ce fait ne nous semble pas étranger à la barbarie de ses lois, de sa justice.

Les Chinois savent d'ailleurs que la justice divine ne se manifeste pas sous les mêmes traits que la justice des hommes. Ils expriment cette idée par huit vers connus de tous en Chine : « Le ciel a un cœur et sa mémoire ne se trompe pas : la vertu est la vertu, le mal est le mal. Le ciel a une bouche et pour s'exprimer il ne parle pas ; content, il ne rit pas ; *irrité, il n'injurie pas.* Le ciel a des yeux, il connaît bien les hommes... »

N'est-il pas curieux qu'une analogie existe entre la pensée développée dans ce texte et l'opinion de Cicéron sur la justice de la Providence ? Maintes fois ce philosophe déclara que *la divinité ne se met pas en colère à la manière des hommes.*

La solidarité qui existe entre proches parents se continue jusque dans le châtiment des fautes. Une famille entière peut être punie pour le crime de l'un de ses membres : les ascendants sont bannis, la maison est rasée...

La loi autorise le rachat des peines — à l'exception de la peine capitale ; il se fait soit par le coupable lui-même, soit par son père ou son fils. Cette coutume, louable dans son esprit, entraîne cependant de graves abus lorsque le magistrat n'est pas intègre. Parfois aussi il arrive que les deux parties d'un procès civil versent secrètement une somme entre les mains du juge, *avant le jugement,* chacune espérant mettre ainsi le bon droit de son côté.

Avant de quitter le tribunal, disons quelques mots des actes relatifs à des conventions écrites, quel que soit leur objet.

Les notaires sont inconnus en Chine et les Chinois s'en passent aisément. La législation civile est des plus simples; depuis des siècles elle n'a point varié; chacun peut la connaître et sauvegarder ses intérêts. En outre, les conventions, les arrangements à l'amiable sont rendus faciles par les consultations que les hommes âgés, pleins d'expérience, ne refusent jamais; les contestations se terminent devant un arbitre.

Lorsque deux personnes sont d'accord au sujet d'un contrat, elles en rédigent elles-mêmes la formule ou la font écrire par un ami, mais toujours devant témoins. L'écrit est ensuite présenté au mandarin, qui appose les sceaux et prend note de l'acte sur un registre.

L'omission de cette formalité rend les contractants passibles d'une amende lorsque l'acte a pour objet un terrain, une chose susceptible d'impôts ou de droits de douanes. Au reste, les impôts sont extrèmement faibles; nous en indiquerons le chiffre.

La participation de tous les citoyens à la police, leur concours à l'exécution des lois, n'est qu'une *conséquence* de la liberté d'action. On en trouve au contraire l'exercice direct dans les associations ayant un objet déterminé comme aussi dans les corporations où se trouvent réunies les personnes exerçant une même profession : lettrés, médecins, charpentiers, ébénistes... Tous les corps d'état sont rangés en corporations dont les membres payent une cotisation annuelle. A certaines époques déterminées par avance, les associés se réunissent dans un banquet. Le gouvernement facilite ces unions comme aussi les sociétés pécuniaires, agricoles, industrielles qui pullulent en Chine. L'associé qui ne paye pas sa cotisation est passible d'une peine édictée par les statuts.

L'argent versé sert à payer le festin, à distribuer des secours aux associés nécessiteux, à faire face aux frais qu'entraînerait, le cas échéant, la défense de la corporation à main armée; enfin, à célébrer quelques fêtes ayant un caractère religieux, spécialement en l'honneur d'une idole.

C'est là une cause de persécution contre les chrétiens; car ils ne peuvent, sans manquer à leur foi, s'associer à ce culte païen. Chaque corporation a ses règlements que les adhérents s'engagent par serment à observer.

On commettrait une erreur en jugeant l'ouvrier chinois d'après l'ouvrier européen, surtout d'après l'ouvrier français.

Le Chinois, ne s'étant pas créé de besoins factices, sait thésauriser même en gagnant peu : il proportionne ses dépenses à son gain. En outre, il préfère sa maison à l'atelier d'un patron; il travaille autant que possible chez lui, soit seul, soit avec quelques-uns des siens, qu'il s'est associés.

Dans les campagnes, la répartition des champs est faite en vue de l'exploitation des biens par ceux auxquels ils appartiennent. Chaque famille n'a donc recours à des journaliers que par accident, à certaines saisons. Ainsi par exemple, si le riz déjà planté périt par suite de la sécheresse, il devient urgent de procéder sans retard au repiquage de nouveaux plants conservés en pépinière. L'opération pour être fructueuse doit se faire en peu de jours. Il y a donc lieu d'augmenter le nombre de travailleurs ordinaires.

Quant à l'artisan, sa position varie suivant le

métier qu'il exerce. En règle générale, il travaille aussi chez lui et pour lui. Mais les exigences de son état peuvent le forcer à recourir à des ateliers mieux agencés que son humble demeure. Cela se produit pour les potiers. S'ils préparent quelques objets dont ils savent faire la pâte, s'ils peuvent faire sécher cette pâte dans des matrices en plâtre, il leur est à peu près impossible de procéder chez eux à la cuisson d'une porcelaine fine. Ils portent leurs travaux soit à une usine, soit chez un voisin qui possède un four et, moyennant une faible rétribution, ils profitent de la chauffe.

Parfois même, il y a nécessité absolue pour l'ouvrier à travailler chez un patron : la fonte des métaux, par exemple, exige plus impérieusement encore que la fabrication de la porcelaine un agencement spécial. Le Chinois est alors employé soit comme associé du maître de l'atelier, soit comme travailleur *aux pièces*, soit enfin comme journalier.

Les peintres, les graveurs et les sculpteurs au contraire échappent aisément à cette obligation surtout lorsqu'ils trouvent à faire des travaux de petites dimensions.

Les outils du sculpteur sont bien primitifs, et on a peine à comprendre comment l'exécution des chefs-d'œuvre que l'Europe admire est possible avec de tels moyens. Lorsque la matière première qu'on lui a confiée n'est pas trop dure et lorsque l'objet qu'il doit transformer en œuvre d'art n'est pas trop volumineux, le sculpteur se contente de le placer dans une sorte de pince en bois qu'il tient dans la main gauche ; puis de sa main droite armée d'un petit couteau, il exécute sur l'argent, l'or ou l'ivoire un travail charmant, original et du plus grand fini, auquel il consacre autant d'heures, autant de jours qu'il le juge nécessaire. S'il travaille deux ou trois jours, il se fera payer par un Européen trois à quatre francs.

Les résultats qu'obtient le graveur avec une petite pointe sèche très imparfaite ne sont pas moins remarquables.

Cependant comme l'ouvrier ne trouve pas toujours à s'occuper dans sa province, beaucoup de Chinois émigrent à Taïti, en Amérique... Ils sont associés entre eux. Ils ont un chef qui réunit les bénéfices et veille à l'exécution rigoureuse du traité de la part des travailleurs. Tous ces émigrants stipulent comme condition essentielle leur rapatriement, vivants ou morts. Aucun ne consentirait à quitter son pays, s'il n'avait l'assurance d'y revenir tout au moins pour reposer dans la sépulture de sa famille.

Les associations commerciales sont de véritables petites banques dans lesquelles le prêt se fait en argent ou en nature. Le remboursement a lieu, capital et intérêts, par fractions annuelles; les membres de l'association qui doivent être remboursés sont désignés par le sort. Chacun d'eux ne paie annuellement qu'une partie de la somme engagée; de sorte que, tout étant calculé dans ce but, l'ami secouru reçoit partiellement autant qu'il rembourse chaque fois et se trouve libéré au bout d'un nombre d'années égal au nombre total des associés, lui compris. L'un des membres de la société surveille le mandataire; au besoin, il l'aide de son expérience. Les associations de riz ou d'autres céréales se font sur la même base: au lieu de verser une somme d'argent, on donne un certain nombre de mesures de riz, de sorgho... Les intérêts deviennent facilement usuraires dans ces associations.

Le taux normal est de 12 à 14 0/0; mais on trouve sans peine à prêter d'assez fortes sommes à 20 0/0.

En dehors des syndicats professionnels et des banques de commerce, il existe en Chine d'autres associations dont l'exercice, bien loin de recevoir l'approbation de l'État, est poursuivi dès que leur caractère se trouve défini : ce sont des *sociétés secrètes*, ayant pour objet une réforme sociale, une entreprise politique ou bien encore un secours mutuel *pour le mal comme pour le bien*. La raison sociale, le titre de la société ne dénonce pas son but. L'une se nomme « le Nénuphar blanc », l'autre « le Nénuphar azuré », ou bien « la Fleur blanche », la société « du Ciel et de la Terre ».

Ces associations occultes ont eu leur rôle manifeste dans chaque trouble politique. Le gouvernement actuel est d'autant mieux fondé à exercer sur elles une active surveillance que, la dynastie régnante n'étant pas une dynastie nationale, un plus grand nombre de Chinois peut se laisser entraîner à des intrigues politiques colorées de patriotisme.

A l'exception des sociétés jugées dangereuses pour la paix sociale, les réunions et les entreprises les plus diverses ne sont soumises à aucune des vexations si communes en Europe.

Ouvrir une école, la fermer, entreprendre ou cesser un commerce, sont des actes entièrement facultatifs et libres. Cependant la véritable liberté a des limites qu'elle ne peut franchir sans devenir un abus et un mal social. Le gouvernement veille à ce que cette transformation ne se produise pas. Ainsi par exemple dans une province de l'empire, le Kiang-sy, la culture ne donne que des résultats insuffisants ou nuls; mais le sol se prête merveilleusement à la fabrication de la porcelaine. Une province voisine ayant d'autres ressources n'a pas le droit de consacrer sa terre à faire de la porcelaine. Cette prohibition très sage se justifie par deux raisons : il faut protéger particulièrement l'industrie d'une contrée, lorsque cette contrée ne peut subvenir autrement aux besoins de sa population. On doit en outre favoriser la variété des productions, et surtout l'extension de celles qui répondent aux exigences quotidiennes de la vie pour le peuple, comme le riz, toutes les céréales, le mûrier, la canne à sucre, etc.

C'est encore par une mesure d'intérêt général qu'il est défendu de laisser des terrains en friche. Toute culture, toute production est une richesse pour le pays. De l'abandon d'une terre résulte un manque à gagner, c'est-à-dire une perte pour tous. La propriété foncière est d'ailleurs assez morcelée en Chine pour que la culture soit faite soigneusement et régulièrement. Les terrains sont divisés en trois catégories, la première étant la plus estimée. Le classement est basé sur le revenu que le sol peut donner ; l'impôt est peu élevé ; il se fixe d'après la catégorie à laquelle le champ appartient.

Dans la région montagneuse du Kouy-tcheou un terrain grand comme Paris était il y quinze ans imposé de *sept francs* parce qu'il était considéré comme de 3ᵉ classe.

L'impôt foncier n'est pas l'unique revenu de l'État.

Il existe des droits de douanes de province à province et à l'entrée de l'Empire dans les villes frontières. Les droits produits par le commerce international atteignent un chiffre beaucoup plus important que celui du transit intérieur. Le total des impôts perçus par le gouvernement peut être évalué à huit cents millions. Cette somme suffit largement aux dépenses générales et normales de la Chine. Il arrive souvent que les familles pauvres payent l'impôt en nature.

L'économie politique de cet État peut être appréciée par cette seule indication. La question sociale qui préoccupe si vivement l'Europe se trouve résolue en Chine. Le caractère du peuple, le bon sens général qui domine la société, l'étendue de l'Empire... sont autant de causes de la vie à bon marché.

La Chine n'a pas besoin du commerce étranger ; elle garde donc toutes ses ressources. Entraînée dans la voie du transit international, elle saura donner plus que demander, produire plus que dépenser, ce qui est une condition de richesse. On doit voir un élément de bien-être public dans l'extrême division de la monnaie servant au commerce courant. La Chine n'a qu'une seule monnaie de cuivre alliée d'étain ; elle porte en chinois le nom de *tsièn* ; les Français l'ont baptisée *sapèque* et les Anglais *casch*.

Les sapèques sont de forme à peu près ronde ; elles sont percées au centre d'un trou par lequel on les enfile, cent par cent. Un mille forme une ligature. On porte ces chapelets de métal suspendus au côté. Chaque pièce pesant environ 4 grammes et demi, une ligature représente un poids de 4 kil. 500 grammes. Cependant, pour un Européen habitué aux monnaies en métal précieux, la valeur de cette véritable charge ne répond pas à son poids ! Cent sapèques équivalent à 0 fr. 50 ; lors donc que l'on traîne au côté *quatre kilos et demi* on porte *cinq francs !* Mais avec cette somme, si modique en Europe, que ne fait-on pas en Chine, surtout dans les provinces centrales.

Un porteur de palanquin se loue cent sapèques par jour ; comme il faut trois porteurs par palanquin, et que l'on chemine à raison de douze à quinze lieues par jour, un voyage d'environ 45 lieues coûte 4 fr. 50 de transport par voyageur.

Dira-t-on que ce salaire trop minime n'assure pas l'existence du mercenaire ? Mais, en dépensant quotidiennement dix ou quinze sapèques, un Chinois sait *bien vivre*. Il aura pour ce prix des légumes, des fruits, du riz cuit. S'il ajoute quatre ou cinq sapèques, il aura en outre un morceau de porc ou des œufs. Dans les villes maritimes les salaires sont plus élevés, — le travailleur y vit moins bien peut-être, parce que le prix des denrées y est aussi plus élevé. Il n'y a donc de vraiment pauvres et misérables que les paresseux ; car, la terre étant soigneusement cultivée dans l'empire, il y a du travail pour tous. Quant aux familles pauvres et nombreuses, elles reçoivent du riz et d'autres céréales du gouvernement qui subvient aux besoins des malheureux, surtout pendant les disettes, grâce aux greniers d'abondance disséminés dans l'empire.

La boisson ordinaire des Chinois n'est autre

que le thé, bu toujours chaud et non sucré. Cette boisson n'est pas coûteuse, surtout quand la qualité du thé n'est pas supérieure. Il arrive même que la boisson est faite avec des feuilles ayant déjà servi et que l'on fait sécher en les étalant sur du papier.

Les vêtements ne coûtent, toute proportion gardée, pas plus cher que les vivres. Une tunique de dessus en satin coûte de mille à quinze cents sapèques, c'est-à-dire *de cinq à huit francs.* Un costume complet en laine, fait à Schanghaï par un Chinois, coûta il y a quelques mois 500 sapèques, soit 2 fr. 50.

Il est supposable que si les Chinois faisaient encore, comme très anciennement, du vin de raisin, tout bien-être aurait disparu pour eux depuis des siècles. Heureusement pour cette société si intéressante par ses mœurs et son caractère, un souverain éclairé défendit la fabrication et l'usage du vin de raisin ; il fit arracher toutes les vignes. Aujourd'hui, le raisin est *un fruit,* rien de plus. L'eau-de-vie de grains n'est pas à la portée de tous et l'ivresse n'est pas fréquente.

Malheureusement, l'opium fait son œuvre destructive dans la société. Mais encore faut-il pour l'opium des loisirs que la classe pauvre ne peut se donner sans tomber rapidement dans l'abîme sans fond de la misère. Comme, à propos des relations de société, nous aurons occasion de revenir sur l'usage de l'opium, nous n'arrêterons pas en ce moment nos regards sur ses effets désastreux.

Le Chinois est par nature patient, travailleur, plein de persévérance ; il est, en outre, toujours quelque peu artiste. Ainsi peuvent s'expliquer les grandes merveilles de leurs arts et de leurs industries. L'état relativement avancé des sciences et des lettres en Chine, à une époque bien antérieure aux grands mouvements intellectuels en Occident, résulte de l'intelligence très vive des Chinois, mais surtout de leur esprit d'observation persévérante et de la *continuité des idées* qui se transmettent chez eux de générations en générations.

S'ils conservent encore aux sciences et aux arts le caractère spécial qu'ils ont revêtu dès l'origine, c'est que, vivant en dehors du mouvement général, se gardant comme d'un danger mortel des Européens qui demandent à se mêler à eux, les Chinois n'ont pas été jusqu'ici ravivés par quelque rayon de la civilisation occidentale. Mais ils ont su nous devancer en tout ; et lorsqu'on examine leurs œuvres ou leurs travaux, on ne songe plus à critiquer une erreur de calcul, une imperfection de forme... On admire, et c'est justice.

LA VIE PUBLIQUE

CHAPITRE XIII

LETTRES, SCIENCES, ARTS

Ce fut en l'année 725 de l'ère chrétienne que l'empereur YUEN-TSONG fonda l'Académie Royale de Chine.

Ainsi, onze cent trente-huit ans avant que Colbert établît la première branche de l'Institut français, un empereur chinois donnait à un petit nombre de savants des privilèges spéciaux, les honorait de distinctions particulières, les réunissait dans une partie du palais impérial et donnait à cette assemblée le titre de *Collège des sages.*

Par une curieuse coïncidence le nombre primitif de ces académiciens fut de *quarante* comme lu i de nos Immortels. Ajoutons encore que le

palais où siégeaient les sages portait le nom de
« palais des immortels du Ciel », *tsy sièn tién.*

A partir de cette époque, les travaux littéraires
reçurent une direction commune et les ouvrages
anciens furent réunis, commentés, revisés. Un
directeur communiqua aux études du corps savant l'impulsion que le souverain désirait leur
donner. Le Collège des sages affermit de telle
sorte son autorité que les révolutions ne purent
y porter atteinte.

Lorsqu'en 960, le fondateur de la dynastie des
Song monta sur le trône, il accorda une autono-
mie plus complète encore à l'assemblée des savants qui à cette époque prit le nom « d'Académie
impériale. » Elle eut un palais spécial et se trouva
divisée en trois sections : lettres, sciences, beaux-
arts. Jusqu'au moment de cette réforme, les
sciences et les arts n'avaient eu qu'une part fort
restreinte dans les travaux des académiciens.

Des astronomes, quelques médecins et mathé-
maticiens, des peintres, des musiciens et des
hommes versés dans l'étude des textes antiques
entrèrent alors dans l'Académie. Plus tard, au
commencement du xve siècle, on leur adjoignit
des légistes chargés de préparer les lois et des
linguistes, qui traduisirent les œuvres étrangères

les plus remarquables. Par suite de ces transformations successives, l'Académie chinoise compte actuellement deux cent trente-deux membres, chinois ou tartares.

A partir de l'année 725, les études savantes furent donc en quelque sorte centralisées. Mais, dès avant la création de l'Académie, les plus importantes découvertes étaient déjà accomplies.

Une sorte de stupéfaction saisit les Européens encore ignorants de la civilisation chinoise, lorsqu'ils constatent à quelle haute antiquite remontent les grandes victoires de la science et des arts, dans ce pays réputé barbare.

Partout où l'observation peut s'exercer largement et guider la théorie, les Chinois nous ont devancés de plusieurs milliers d'années.

Deux siècles ne se sont pas encore écoulés depuis que se fit jour en Europe la théorie de l'aplatissement des pôles. Jusque-là on avait regardé la terre comme absolument sphérique.

Cependant l'empereur Yên-ty, surnommé après sa mort CHÈN-LÔNG, *l'agriculteur céleste*, — et qui régnait en Chine dès l'année 2737 av. J.-C., — eut l'idée de mesurer la terre. Il assura que la « Terre n'est pas tout à fait ronde » et que son axe du nord au sud est plus court que son axe d'est à ouest. Il attribua au premier la longueur 850,000 *lys* et au second 900,000.

Avec ces chiffres, l'aplatissement des pôles se trouvait donc être de 0,055, c'est-à-dire dix-sept fois plus grand que l'appréciation *régulière* de l'aplatissement d'après le calcul Bessel (0,00334, réduit ensuite à 0,00299).

Depuis 1841, époque où Bessel put évaluer les deux axes terrestres, d'autres travaux, exécutés à Brest, ont porté l'évaluation du rayon de la terre à *un million* de mètres de plus que le rayon donné par l'astronome allemand, soit deux millions pour l'axe entier. Il est donc possible qu'un jour de nouveaux calculs rapprochent l'estimation des axes de celle obtenue par Chên-lông.

Quoi qu'il en soit de cette valeur numérique, elle importe beaucoup moins à l'honneur de l'empereur chinois que le fait même de la découverte de l'aplatissement des pôles. Cet illustre souverain fit en outre des travaux d'une grande utilité pour son pays. S'appliquant d'une façon spéciale à l'étude des plantes, de leur culture, de leurs propriétés, il prépara la richesse agricole de la Chine et découvrit la valeur médicinale d'un grand nombre de végétaux.

C'est à Chên-lông que remonte le premier grand ouvrage de botanique.

Puisque nous avons nommé l'inventeur de la médecine chinoise, nous allons dire quelques mots de l'état actuel de cette science.

L'opinion des hommes qui ont vécu longtemps en Chine est que les médecins européens devraient mettre à profit l'expérience de leurs confrères chinois. Observateurs et patients par nature, avant de l'être par état, ces derniers montrent une grande habileté à diagnostiquer les maladies et savent à l'aide de plantes soulager leurs clients. Appelé auprès d'un malade, le médecin chinois étudie longtemps avec une extrême attention les battements du pouls de ce malade *s'il est adulte*, ou la veine de *l'indicateur gauche* s'il a moins de sept ans — ce qui excite grandement l'hilarité des praticiens d'Europe.

Lorsque le médecin a ainsi formé son jugement, il écrit la formule d'une sorte de potion ou de pilules composées de plusieurs végétaux, ou bien il prescrit une plante à l'état naturel.

L'action du médicament se produit avec une assez grande promptitude et le médecin calcule le temps nécessaire à cette action de manière à se trouver à nouveau près du malade peu après

15.

qu'elle aura eu lieu. Généralement, ce délai varie entre quatre et six heures.

Il résulte de cette méthode que le médecin suit mieux les phases de la maladie et qu'il peut la traiter rapidement ; en outre, après quelques heures, il juge par l'état du malade s'il a porté un diagnostic exact, ou s'il doit modifier sa première appréciation. Ajoutons que la moyenne des cures obtenues par les médecins chinois dans un hôpital international se trouve être sensiblement plus élevée que la moyenne des succès de leurs confrères européens. L'expérience a été faite à Schanghaï.

Par contre la science chirurgicale n'est pas à beaucoup près aussi avancée en Chine qu'elle l'est en France. Cela résulte, croyons-nous, non point d'une infériorité d'aptitudes, mais de ce que la nécessité des opérations chirurgicales étant rendue très rare par suite des procédés curatifs dont la médecine dispose, les savants n'ont pas eu occasion de s'appliquer, en Chine, à perfectionner la chirurgie.

L'indication des plantes utilisées par les médecins chinois est assez difficile, parce qu'il faudrait que ces plantes fussent classées sous les noms scientifiques attribués à celles qui sont connues en Europe.

D'autre part plusieurs des principaux médicaments ne peuvent rentrer dans nos classifi cations.
Le R. P. Perny a donné la synonymie exacte de
2.300 plantes environ. Le départ d'une mission
scientifique et française chargée de poursuivre
ces études a été ajourné par suite des événements
militaires.

Si les médecins français consentaient à admettre comme possible qu'un confrère chinois possédât des connaissances scientifiques, sinon plus
étendues que les leurs, du moins différentes et
d'un autre caractère, ils demanderaient au gouvernement d'obtenir par voie diplomatique que
des médecins chinois soient envoyés en France
avec les médicaments dont ils font usage. On
pourrait ainsi apprécier exactement l'effet de certains végétaux sur les Européens, végétaux précieux, dont on entreprendrait ensuite l'acclimatation. Mais ne sait-on pas combien notre société se
montre sceptique?

Ainsi lorsqu'on annonça qu'il existait en Chine
un animal qui *change de règne et devient plante*,
puis encore un polype qui transforme l'eau en vinaigre.... les sociétés savantes refusèrent tout
crédit à ces affirmations. Il fallut envoyer en
France ce ver et ce polype. Le premier porte le

nom de *tchŏng tsào;* les Européens le nomment *spheria sinensis;* c'est le *ver-plante.* La médecine chinoise l'utilise avec le plus grand succès pour rendre les forces aux convalescents. Ce ver-plante desséché se fait cuire dans les aliments; on choisit généralement pour cela un canard ou un poulet dans lequel il est introduit. Après deux ou trois heures de cuisson, toutes les propriétés reconstituantes du *tchŏng tsào* se sont communiquées à la viande, dont il suffit de manger pour recouvrer une grande vigueur.

Quant au polype à vinaigre, *mên foù yù,* on le trouve dans la mer Jaune. Des spécimens vivants et morts ont été envoyés à la Société d'horticulture que présidait alors M. Drouyn de Lhuys. Un polype placé dans l'aquarium du Jardin d'Acclimatation ayant transformé l'eau en vinaigre, les savants ne purent conserver leurs doutes.

Entre tous les reconstituants du règne végétal, le plus énergique est le *jên sên, plante de l'esprit, vie de l'homme.* Le jên sên est une racine qui se trouve dans la province de Leào-tòng et dans la Corée. Celui du Leào-tòng jouit d'une réputation plus grande que celui de Corée. L'empereur en a le monopole: son prix est très élevé; mais quelques parcelles suffisent à rendre la vigueur aux personnes les plus affaiblies.

Les Chinois connaissent en outre une plante qui dissout les calculs vesicaux, de sorte que chez eux l'opération douloureuse de la taille est sans objet.

Ils ont un spécifique contre la rage ; nous en ignorons la composition exacte ; *l'ixia sinensis, — ché kan,* entre dans ce spécifique. Les médecins emploient avec succès contre les maladies causées par les vers — maladies très fréquentes en Chine — le fruit d'une plante que nos savants n'ont rattachée à aucune des espèces connues. Ils l'ont nommée : *telle quelle de l'Inde, quis qualis Indica.*

Le Jardin des Plantes à Paris possède cet arbuste ; son fruit, *ché-kiun-tsé,* ressemble à une noisette ; cinq ou six suffisent pour amener l'expulsion des vers. Mais, pour manger ces noisettes, il faut avoir la précaution de rejeter les deux extrémités, sans quoi le germe qui s'y trouve provoque un hoquet durant parfois 36 heures. Nous ne cherchons pas à expliquer ce fait, mais nous en affirmons l'exactitude.

Contre la fièvre on prescrit l'écorce du *Pignon d'Inde,* ou les feuilles et racine du *dichroa febri-*

fuga, en chinois *châng chàn,* ou bien encore le *Picrie, my-tan.*

Il existe deux sortes de *Nephelium.* L'une donne un fruit astringent ; l'autre au contraire un fruit plus doux et rafraîchissant ; on le nomme *œil de dragon.*

Le *Sarcocolle* à odeur d'anis est utilisé pour cicatriser les plaies non point par une application directe sur le mal, mais par l'action astringente et tonique qu'il possède pris en tisane, au point de raffermir les chairs.

Le fruit exquis du Manguier se prescrit comme dépuratif et anti-scorbutique.

De la *Menthe,* on tire une huile essentielle, très efficace contre les maux de tête. L'huile extraite de la *Muscade* est employée contre la paralysie. Quant aux rhumatismes, on les guérit aussi avec une huile, mais qui n'est pas végétale ; elle s'obtient avec le foie du *to,* sorte de chien de mer, aiguilat ou *squale acanthias.*

La surdité des personnes âgées se soigne par des injections de lait dans lequel on a fait cuire des *œufs de fourmis.* Le *fiel d'éléphant* est renommé contre les maladies d'yeux. Il n'est pas jusqu'à la *folie* que les médecins chinois n'entreprennent de guérir par les plantes. Ils emploient particulièrement l'espèce du *Lespedeza* nommé *sy eut-tsao*.

Nous devons ajouter que, très experts dans l'art de guérir un grand nombre de maladies graves, les praticiens chinois ne sont pas moins habiles à *donner* la plupart de ces mêmes maladies sinon en réalité du moins en apparence. Cette pratique criminelle est encouragée par l'usage de se faire soigner *à forfait*.

Lorsque dans ses relations, parmi ses clients aisés, un médecin peu scrupuleux choisit une victime, il sait que la famille l'enverra chercher et le priera de guérir au plus vite le prétendu malade ; il établira donc ainsi sa réputation et réalisera sans peine quelque bénéfice. Voici donc que l'événement justifie sa supposition ; il se rend au premier appel, ne cache pas que *la maladie est grave* et propose d'entreprendre la cure aux conditions suivantes ; s'il échoue, il ne touchera point d'honoraires ; s'il réussit on lui comptera un certain nombre de taèls. La convention faite, il donne au patient l'antidote nécessaire et peu de jours s'écoulent avant la guérison complète.

Ce sont particulièrement les symptômes de la folie et des maladies honteuses que ces indignes médecins, assez rares d'ailleurs, se plaisent à produire.

La vaccine est pratiquée en Chine depuis des siècles, tout comme l'insensibilisation qui se fait à l'aide de la même plante dont les voleurs se servent contre leurs victimes.

En suivant l'ordre des découvertes, la musique a sa place marquée à côté de l'art de guérir.

La musique a, en Chine, un rôle important et très curieux. Il est à remarquer d'ailleurs que dans toutes les sociétés primitives la musique a été tout autre chose qu'un art d'agrément.

Les anciens Romains estimaient qu'elle entrait dans le domaine de la rhétorique et de la grammaire. Jusqu'à l'avènement de l'empereur Houang-ty, la musique n'était pas un art, bien qu'elle fût déjà regardée comme un précieux élément de concorde. Elle n'avait pas de règles fixes et les sons n'étaient pas classifiés.

Houàng-ty monta sur le trône en 2697 avant J.-C. Il succédait à Chên-lông et voulut continuer les réformes ou les découvertes utiles et pacifiques de son illustre prédécesseur.

Considérée tout à la fois comme l'expression des harmonies de la nature et comme le seul langage que l'homme doive employer lorsqu'il parle à Dieu, la musique semble participer de la puissance céleste. Elle n'en est pas un reflet, ainsi que tant de merveilles de la création, mais bien une réelle émanation. Elle a des accents qui troublent l'âme, qui l'émeuvent, qui modifient ses passions, qui agissent sur tous les êtres comme si elle était la voix d'un maître suprême se faisant entendre et obéir de tous.

Lorsqu'on juge ainsi la musique, on conçoit que les peuples anciens, dont les mœurs étaient simples, dont l'esprit d'observation était tourné vers les choses de la nature, aient donné à la musique une place spéciale et très élevée dans leurs institutions. Houâng-ty chargea donc un de ses ministres, *Lin-lên*, de classifier les sons. Lin-lên écouta les bruits de la nature, le murmure de l'eau, le bruissement des feuilles, la voix de la tempête dans la forêt, celle de l'orage et des torrents ; il observa en outre à quelle heure du jour et de la nuit correspondaient ces divers bruits et le chant des oiseaux. De ces observations, il conclut : 1° A l'existence d'un son qui semble résumer tous les autres ; c'est *kong*, correspondant à notre *fa* ; 2° à la présence dans les voix de la nature d'une sorte de progression musicale composée de *deux* termes au-dessus de *kong*, de *trois* termes au-dessous et de *deux demi-termes intermédiaires*. Ces cinq termes correspondent aux sons désignés chez nous par les mots : *la, sol, fa, ré, do* ; les deux demi-tons représentent le *mi* et le *si*. Cette progression totale de 5 tons et 2 demi-tons correspond à notre octave.

Lorsque Lîn-Lên eut exactement apprécié les sons, il s'occupa de les exprimer d'une manière fixe et régulière au moyen de tubes en bambou de différentes longueurs. Cela fait, observant que le son est en rapport direct avec la dimension des tubes, il divisa en deux parties chacun des cinq bambous représentant les tons entiers, ce qui lui fournit *dix demi-tons*, auxquels il ajouta les deux demi-tons primitivement découverts. De la sorte il obtint, comme base de la musique, *douze demi-tons*, c'est-à-dire identiquement la base de notre musique actuelle, la *gamme* telle que nous la jouons.

C'est donc à juste titre que Lîn-Lên est considéré par les Chinois comme l'inventeur de l'art musical. Nous avons dit qu'il découvrit la gamme dans les voix de la nature et nous croyons devoir ajouter que la progression régulière des sons existe non seulement dans le bruissement des feuilles, le souffle du vent, le mugissement des flots.... mais encore dans les silex. Les anciens livres de la Chine font mention de la *voix des pierres.* L'antiquité chinoise a donc connu les silex musicaux.

Il y a trois ans, nous avons examiné avec soin un clavier en pierres brutes, clavier que l'on a pu voir à l'Exposition d'Amsterdam, et se composant de deux octaves. Rien, ni dans la densité, ni dans la forme, ni dans le poids ne permet de prévoir qu'elles aient une sonorité musicale. En outre, le son qu'elles rendent par percussion n'a aucun rapport avec leur volume ou leur poids. La densité de toutes est la même; cependant, tandis que le *do naturel* de la basse pèse 4 kilogrammes, son *dièze* pèse seulement 0 kil. 855 grammes; le *la dièze* d'une octave pèse 3 kil. 370 grammes et, à l'autre octave, seulement 0 kil. 400 grammes. Leur harmonie ne laisse rien à désirer.

La voix des silex constitue un phénomène ou pour mieux dire une merveille de la nature, merveille que la science n'explique pas.

Les Chinois ont apprécié, utilisé peut-être cette merveille, tandis que les Égyptiens se contentèrent d'admirer avec une crainte superstitieuse leur statue de Memnon jusqu'au jour où, par ignorance, on la brisa.

Mais revenons à Lîn-Lèn. Redevable de sa

découverte à la nature, il voulut la rattacher à la nature. Il établit donc une relation entre chacun des douze demi-tons musicaux et les 12 parties qui composent le jour chinois. Chaque division comprend *deux heures*; le ton entier *fa* correspond à l'espace de temps compris entre 11 heures et 3 heures de la nuit; le ton *sol*, à l'intervalle de trois à sept heures.... Telle fut dans son ensemble la découverte de Lin-Lên.

Mais cette découverte devait avoir une conséquence aussi curieuse qu'imprévue.

L'œuvre du ministre de Hoûang-ty ne pouvait être durable que si les dimensions des tubes produisant les sons étaient rigoureusement déterminées. La Chine ne possédant pas encore d'unité de longueur, de volume ou de nombre, Lin-Lên s'avisa de remplir le tube représentant le *fa* avec des grains de millet noir. Ces grains offrent entre eux une grande régularité de forme et de poids. Placés dans un sens, *cent* grains de ce millet remplirent le chalumeau; dans un autre sens, quatre-vingt-un grains suffirent. Le premier chiffre fut adopté comme donnant la progression arithmétique la plus facile.

C'est ainsi que le système décimal fut découvert et adopté pour les poids et mesures comme pour les nombres. Le grain de millet servit de base et d'unité. Tant de siècles écoulés depuis l'importante découverte de Lîn-Lên n'ont amené aucune modification dans les nombres ou les mesures dont nous dirons quelques mots. Quant à la musique, elle s'est enrichie de divers instruments soit à percussion, soit à vent, soit à cordes. Ces instruments de nature différente sont en Chine plus nombreux qu'on ne le suppose généralement. On peut les classer ainsi : 1° *A percussion*, comme le tambour, le tambourin, le gong, la campanule, les castagnettes ; chacun d'eux a plusieurs variétés ; 2° *à vent :* le chalumeau funéraire, le trombonne, le flageolet en feuilles de bambou, la clarinette, la flûte à plusieurs trous, la flûte à 26 tuyaux, le fifre, la conque, l'orgue ; 3° *à cordes :* la guitare, le luth, le violon ; quelques autres ne répondant à aucune forme connue en Europe ont de deux à treize cordes.

Bien qu'ils possèdent la gamme complète, les Chinois n'emploient réellement que sept demi-tons. Cette coutume donne une sorte de langueur et de monotonie à leur musique. Aussi les Européens ne peuvent-ils apprécier rapidement le charme très réel de cette musique.

Nous croyons devoir donner ici quelques détails sur la valeur et les multiples du *grain de millet* dont nous avons indiqué le rôle.

Un grain équivaut, en longueur, à 3 millim. 15. — Dix grains font un *tsén* ou 0^m, 0,15 ; dix *tsén* font un *tché* ou pied, de 0^m,315 ; dix pieds forment la toise, *tchàng*, égale à 3,15 et dix toises, un *yu* ou 31^m,50. Les sous-multiples du grain ne sont pas en usage.

Le système est le même pour les mesures de volume : le grain de millet est pris comme unité ; on trouve ensuite une mesure de *six grains* ; c'est une anomalie, mais la seule pour les volumes ; les autres sont de dix en dix fois plus fortes ; on s'arrête généralement à la mesure de dix boisseaux.

Le choix d'un grain de millet comme unité peut paraître défectueux à cause des variations dont les céréales sont susceptibles. Mais toutes les mesures se calculant et se faisant d'après les types primitifs, les variations demeurent sans influence aucune pour le commerce. D'ailleurs, tout dans la nature n'est-il pas sujet à changements ? Disons plus : ni les choses abstraites, ni les créatures, ni les théories, ni les découvertes ne sont immuables ou même invariables ; on a dit que « toute opinion est une manière de se tromper ».

Sans étendre aussi loin le domaine de l'erreur,

nous observons relativement à l'unité de mesure que celle-là même dont nous faisons usage, *le mètre*, serait aujourd'hui très incertaine, si au lieu de considérer le mètre, abstraction faite de toute formule géographique, on voulait tenir compte de son rapport avec le rayon de la terre. En conservant les calculs primitifs, on trouve qu'il est trop court d'environ un demi-millimètre. Mais quel est le *vrai* rayon équatorial ? Est-ce celui déterminé par Bessel ? ou celui que l'on indique au Bureau des longitudes ? ou celui qui résulte des travaux exécutés à Brest (1) ?

Le grain de millet de Lin-Lên peut donc être une base aussi ferme que toute autre.

Les nombres numéraux de la Chine ont une progression décimale ; il y en a dix. On ajoute ensuite à 10 l'un des neuf premiers nombres : *Dix-deux, dix-trois*, ce qui mène à dix-neuf. Puis on dit : *deux-dix*, pour vingt ; *deux-dix-un*, pour vingt et un ; et ainsi de suite jusqu'à cent, qui se dit *pè*. On procède avec *cent* comme on l'a fait avec dix ; ainsi 214 se dit : *eul-pé-chè-sé*, deux cent-dix-quatre.

La progression reprend à mille qui se nomme

1. Voici ces diverses estimations : 1° 6.377.393 ; — 2° 6.378.393 ; — 3° 7.378.585.

tsièn, jusqu'à dix mille, *ouan* ; 11214 s'exprime par : *ouàn-tsièn-eul-pe-chè-sé,* c'est-à-dire : dix mille (plus) mille (plus) deux cent-dix-quatre

Dans l'écriture moderne, il n'existe pas de *chiffres* proprement dits, mais seulement des barres numérales. Une de ces barres représente 1 ; cinq donnent 5 ; 6 se marque par une barre verticale, surmontée d'une autre horizontale ⊤ ; quatre barres verticales surmontées d'une horizontale donnent 9 : ⊤⊤⊤⊤. Le 0 s'ajoute à son lieu et place, mais ne sert pas de multiplicateur ou de diviseur comme il est d'usage en Europe. Le nombre 7303 s'écrit : ⊤⊤ ⊤⊤⊤ 0 ⊤⊤⊤.

On peut écrire les barres en sens inverse, c'est-à-dire tracer horizontalement celles qui représentent les cinq premiers chiffres et verticalement la barre qui vaut 5 à elle seule et complète les nombres jusqu'à 9 : ainsi, 4 ☰ ; 9 ⊥. Le nombre 7303 s'écrira donc ⊥ ☰ 0 ⊥.

Les calculs se font avec une grande facilité *par les doigts* à l'aide de la petite machine à compter, *souàn-pàn,* inventée sous Houâng-ty par Tcheou-ly. Ce petit instrument est d'une pratique si simple qu'il serait désirable de le voir introduire en France ; avec son aide, les élèves apprendraient en quelques instants à poser les chiffres, à faire les premières opérations d'arithmétique et, *de visu,* se rendraient compte du système décimal.

Il est assez difficile d'expliquer le jeu du souàn-pàn sans en donner le dessin. Cet instrument se compose de 9, 10 ou 12 tiges rondes, fixées dans un cadre (5 ou 6 suffisent à marquer des chiffres très élevés). Une barre coupe ces tiges au quart, environ, de leur hauteur, ce qui forme comme deux parties distinctes. Des boules sont enfilées dans ces tiges, 7 pour chacune, dont 5 en bas et 2 en haut. La première tige à droite représente le rang des unités, la seconde celui des dizaines, la troisième celui des centaines. Chacune des 5 boules inférieures représente une unité de l'espèce que représente la tige ; ainsi celles de la première valent 1, soit ensemble 5 ; celles de la seconde, 10. Au contraire chacune des deux boules supérieures a *cinq fois* la valeur des boules inférieures qui leur correspondent : à la première tige chacune vaut 5 ; 50 à la seconde ; 500 à la troisième....

Toutes ces boules sont mobiles. Pour exprimer le nombre 604 on abaisse une boule supérieure du troisième rang et l'on remonte une inférieure du même ordre ; puis on laisse la tige des dizaines sans modification et l'on remonte 4 boules inférieures du rang des unités. On voit que le zéro s'indique en laissant en *repos* toutes les boules du rang auquel il correspond.

Quelques minutes suffisent pour apprendre le jeu du souân-pân.

Les mathématiques et particulièrement l'astronomie acquirent en Chine un développement très grand, à une époque où elles étaient encore mal connues en Europe. Nous ne dirons rien, ni des découvertes des astronomes chinois, ni des travaux du célèbre « Tribunal des Mathématiques; ce serait superflu, car leurs œuvres et leur influence ont été maintes fois décrites ou exposées.

Les sciences ont fait de rapides progrès. Vers l'année 1112 *avant Jésus-Christ*, la boussole était déjà inventée. Les historiens chinois indiquent en effet le don d'une boussole fait par un ministre à l'ambassadeur de la Cochinchine « pour qu'il pût aisément trouver sa route ».

C'est la littérature ancienne qui peut apprendre aux Européens la nature et l'étendue du génie chinois.

En observant les variantes qui existent dans les formules employées par quelques grands écrivains de l'antiquité, pour exprimer une même idée, on aperçoit nettement l'évolution de la

pensée. Cette évolution s'est faite du simple au composé, de la concision la plus rigoureuse à la prolixité.

Tout d'abord, on laisse au lecteur le soin de développer l'idée, de découvrir l'image poétique à demi cachée, de comprendre le sens exact d'un caractère ayant plusieurs acceptions, de déduire aussi les conséquences du fait exprimé. Plus tard, l'idée se montre ouvertement, elle n'est plus voilée. Bientôt, non seulement elle se détache avec netteté, mais encore elle est *expliquée*.

Le travail intellectuel du lecteur diminue graduellement dans la même proportion qu'augmente le travail de l'auteur. Et cela jusqu'au jour où, pour découvrir la pensée, l'*être* de la phrase ou du livre, au milieu des développements qui la défigurent, le lecteur devra dépenser plus d'attention qu'il n'en était besoin pour triompher de la concision primitive.

En suivant cette progression de développement, la littérature arrive à une décadence réelle. Dix idées, moins encore ! suffisent à composer un livre où elles se trouvent comme perdues au milieu de détails inutiles.

Sans aller jusqu'à ce *genre*, on peut suivre dans les auteurs anciens les modifications appor-

tées à la littérature au point de vue de la prolixité.

Ainsi, voulant marquer les attributs de la divinité, Confucius dit simplement : « Seul le ciel
connaît tout et comprend tout. » *Quatre* caractères lui suffisent pour apprécier l'intelligence
divine. Peu avant l'ère chrétienne, un autre philosophe, exprimant la même idée, emploie 16 *caractères*. Vers l'an 1065, l'historien Sè mà Kouàng
développe sa pensée sur le même sujet à l'aide
de *trente-six* caractères. Sa phrase est élégante,
elle est claire, mais elle ne dit rien de plus que
les quatre termes de Confucius. Voici cette
phrase : « Le ciel connaît tout, même ce qui ne
tombe pas sous les sens de l'homme ; il voit ce
qui n'a aucune forme corporelle. La plus légère
émotion trouble-t-elle notre cœur? Le ciel la
connaît aussitôt. Il n'est pas d'intelligence supérieure à la sienne; ses yeux si haut placés distinguent tout au loin; ses oreilles s'abaissent pour
entendre les bruits les plus bas, les plus pro-
fonds. »

Sous le titre de « Lectures quotidiennes »,
l'Académie impériale a publié de 1677 à 1683 le
commentaire des livres sacrés (série des *Je Kiang*).
Elle a paraphrasé le texte de Confucius au moyen

de *soixante-douze caractères*. Nul doute que, si la même pensée était à nouveau reproduite, elle se trouverait comme noyée au milieu de 150 ou 200 caractères.

Les Chinois se rendent fort bien compte de cette diffusion progressive de *l'idée*. Ils estiment d'autant plus une œuvre littéraire qu'elle se rapproche de la concision primitive tout en se produisant sous une forme élégante. Cette réunion de la force et de l'élégance se trouve dans le « style littéraire », *ouên châng*, qui se produisit au moment de la renaissance des lettres chinoises, sous la dynastie des Song, particulièrement sous l'empereur Hiao-tsông, qui régna de 1163 à 1190.

Par une singulière anomalie, en même temps que se produisait le « style littéraire » — remarquable à tous égards puisqu'il permet d'associer la concision à l'élégance, — l'Académie patronna un autre genre qui consiste à *dire peu*, ou même rien, en beaucoup de mots. Les livres écrits dans ce style — *ché ouên* — sont *vides d'idées ;* on peut les comparer à des vases, plus ou moins richement ornés, susceptibles de recevoir des gerbes de fleurs, mais n'en contenant aucune et demeurant ainsi sans utilité.

Telle est, nous le répétons, la dernière évolu
tion de la pensée ; elle mène à la décadence.
Aussi les lettrés vraiment savants s'efforcent-ils
de réagir contre cette tendance, si commune,
à... *paraître plus qu'être.*

LA VIE PUBLIQUE

CHAPITRE XIV

LES ARTS ET L'INDUSTRIE

Entre toutes les découvertes remarquables, celle de l'Imprimerie demeure sans contredit une des plus utiles.

En Europe, cette découverte ne remonte pas à plus de quatre siècles et demi. En Chine elle eut lieu à une époque inexactement déterminée, mais certainement antérieure au vɪᵉ siècle de l'ère chrétienne.

Il y a, en Chine, deux manières d'imprimer. Elles consistent : l'une, à graver le manuscrit puis à se servir de cette gravure comme d'un cliché ; l'autre à employer des caractères mobiles. La première méthode est la plus ancienne ; elle convient en outre, beaucoup mieux que la seconde, à la langue chinoise en ce sens qu'elle laisse toute latitude aux auteurs qui veulent soit reproduire les caractères antiques et hors d'usage, soit exprimer une idée nouvelle par la modification d'un caractère déjà existant ou par la création d'un signe spécial.

L'empereur Ouèn-ty, régnant de 560 à 567, ordonna de graver *à nouveau* les textes ou dessins anciens dont l'impression s'effaçait. Cette réédification d'antiques monuments littéraires permet de croire qu'avant le vi^e siècle l'impression était en usage. Quelques auteurs ont même supposé qu'elle existait deux ou trois siècles avant Jésus-Christ. Mais cette opinion semble controuvée par le fait que vers l'an 175 avant Jésus-Christ on exposa sous la porte du Collège impérial les livres classiques gravés en creux sur des tables de pierre, afin que toute personne possédant un exemplaire manuscrit de ces livres pût venir en contrôler le texte.

Quoi qu'il en soit, c'est vers le ixe siècle seulement que l'on commença à graver *en relief* pour que l'impression ressortît *en noir* sur fond blanc.

Jusqu'à cette époque, la gravure sur pierre ou sur bois était faite en creux ; le texte était donc blanc sur fond noir. Quant à l'impression à l'aide de caractères mobiles, elle remonte à l'année 1040. Un homme de grand talent eut alors l'idée de composer des caractères avec une sorte d'argile devenant très dure par la cuisson et qui, même sous un très petit volume, ne se déforme pas.

Ces petits cubes en terre sur lesquels les caractères existaient en relief étaient disposés par colonnes verticales dans des casiers réguliers, puis reliés en un seul bloc par un mastic résineux coulé à l'envers. Ce mastic se dissolvant à la chaleur, se séparait aisément des caractères qui redevenaient mobiles. Peu après la découverte de Py-chèn on se servit de plomb au lieu de terre. L'invention de l'imprimerie en Chine, telle que nous la connaissons, remonte donc au xie siècle, c'est-à-dire à quatre cents ans avant la découverte de Gutenberg.

Mais actuellement encore, et pour les motifs que nous avons exposés, on préfère l'impression à l'aide de planches gravées. L'adresse des Chinois, leur dextérité, puis aussi leur patience et leur minutie rendent ce genre d'impression très fidèle. Il est en outre peu coûteux. Avant de graver, deux opérations préliminaires sont indispensables. Tout d'abord le graveur passe sur la plaque une légère couche d'huile d'*Elæoccoca vernicifera*. Cette huile comble les pores du bois; elle forme en séchant une sorte d'enduit solide et très doux. Ensuite il faut passer sur ce vernis une couche de colle de riz. La feuille manuscrite est aussitôt appliquée, l'écriture touchant la planche. Comme le papier dont on se sert pour écrire est très mince, les caractères ressortent nettement au *verso* de la feuille. L'ouvrier suit d'abord avec une pointe tranchante les contours extérieurs de l'écriture, détache le fond blanc et le creuse. Puis il évide les caractères qui se trouvent ainsi en relief et retournés. Avant le IXᵉ siècle, on creusait au contraire le texte même qui ressortait en blanc.

Dans l'antiquité, les Chinois écrivaient sur des morceaux de soie ou de toile, sur des feuilles d'arbres, sur l'écorce du bambou, sur des planchettes. Les planchettes, minces et généralement très étroites, percées d'un trou à chaque extrémité, étaient réunies par une corde, traversant aussi deux planches plus épaisses formant reliure et se terminant aux deux bouts par un nœud fixe. Cette corde, plus longue que le livre n'avait d'épaisseur, étant réuni aux deux bouts, devenait une corde sans fin en sorte que, pour lire les caractères tracés au poinçon sur les planchettes, il suffisait de dénouer la boucle faite pour resserrer les feuillets. On pouvait ainsi écarter ceux-ci

les uns des autres, sans crainteque la corde lais-
sât échapper quelque page.

Le papier fut inventé en Chine *deux cent quarante-six ans avant Jésus-Christ* par le même général Mông-Tièn, qui dota son pays d'un grand nombre de plantes étrangères. Toutefois le papier de
Mông-Tièn laissait à désirer sous le rapport de la
finesse. Sous Hiao-ouèn-ty, de 170 à 150, quelques
améliorations furent apportées. Mais le papier de
chiffons ne fut découvert qu'en l'année 105 de
Jésus-Christ par Tsay-Lên.

Dès cette époque l'industrie posséda tous les éléments d'une fabrication parfaite. Notons que
l'Europe ne connut le papier proprement dit
qu'au xe siècle, c'est-à-dire *huit cents ans plus
tard que les Chinois.*

Cette branche de l'industrie est en Chine l'une
des plus importantes; elle offre un grand intérêt
en raison soit des matériaux qu'elle utilise, soit
des produits qu'elle livre.

Les chiffons de coton, de chanvre ou de laine
n'entrent que dans la composition du papier grossier. Ceux en soie donnent une qualité supérieure,
mais c'est particulièrement à l'arboriculture que
les Chinois demandent les matières premières
destinées aux papiers que l'Europe admire. Plu-

sieurs arbres sont propices à cet usage. Les uns sont odorants et conviennent aux produits de luxe; les autres fournissent une pâte résistante et pouvant se réduire en feuilles excessivement minces. Les jeunes pousses du bambou, l'écorce du mûrier sur lequel on élève les vers à soie, sont d'un usage très répandu.

Le papier connu en Europe sous le nom de *papier de Chine* est fait avec l'écorce du *Brousso-netia, keou-py-choù,* macérée dans de l'eau avec de l'écorce de bambou. Quant à ce que l'on appelle en France le *papier de riz,* il n'a d'autre rapport avec cette céréale que sa couleur d'un blanc mat, *blanc de riz.* On obtient ce papier avec *l'aralie* ou *tong-tsào,* sorte de jonc haut d'un mètre environ. A l'aide d'un outil très fin, on détache l'écorce et l'on *déroule* le jonc en feuilles comme des copeaux. Ces feuilles étant cylindrées constituent un très beau papier dont on se sert, soit pour la fabrication des fleurs artificielles, camélias, roses, pivoines..., soit pour faire de jolis écrans ou des albums que les dames couvrent de fines peintures.

On fabrique encore du papier avec des algues marines, de la paille de riz ou de blé, des cocons de vers à soie et de grosses chenilles.

Les Chinois connurent l'encre bien avant le papier. Nous pensons qu'ils s'en servirent 1500 ans avant Jésus-Christ. Cette encre première était grossière, imparfaite. La Corée devança la Chine dans cette fabrication et dans les progrès qui étaient nécessaires. Mais, dès le VIIe siècle de notre ère, l'encre de Chine était devenue supérieure à celle de Corée. Lorsqu'on se servit de l'encre, on écrivit tout d'abord avec des pinceaux en bambou, auxquels les pinceaux en poil furent substitués. Confucius en avait un en poils d'antilope. Aujourd'hui les Chinois en possèdent une variété infinie.

L'application des arts à l'industrie en Chine peut donner lieu à une étude aussi vaste qu'intéressante. Quelques pages suffisent à peine pour indiquer ce qu'elle offre de plus remarquable.

Les puits artésiens étaient connus sous la dynastie des Tang, vers le VIIIe siècle. Les Chinois, considérant l'irrigation comme le principal élément de la fertilité du sol, se sont appliqués à conduire l'eau partout où elle manque. Ils l'élèvent au moyen des puits artésiens et la distribuent ensuite par des canaux dans les champs, même à des distances assez éloignées. En outre ils savent utiliser les cours d'eau de peu d'importance ; c'est ainsi qu'ils ont créé de larges canaux qui, non seulement fertilisent des plaines autrefois stériles, mais encore établissent des voies de communication à travers l'empire et favorisent la vente des produits agricoles. C'est vers 1290, sous l'empereur Ché-tsoù, que fut achevé le canal Impérial. Long de 1.400 kilomètres environ, ce canal fait communiquer le Pe-tchély avec Canton et permet aux bâtiments d'un fort tonnage d'aller de Péking à Canton à travers la Chine. En certains endroits, il atteint 30 mètres de large. Des quais de débarquement échelonnés sur le parcours facilitent le transit intérieur. C'est un des plus remarquables et des plus utiles travaux du monde entier.

Les fleuves sont très nombreux en Chine; on peut en compter *mille* qui sont navigables.

Des ponts de diverses sortes sont jetés sur ces fleuves. L'esprit pratique des Chinois se révèle d'une manière frappante dans ces constructions.

Si le cours d'eau est important, s'il traverse des contrées populeuses, on construit des ponts en pierres établis sur d'énormes piles reliées par des voûtes. Les revêtements sont ornés de sculptures. Il existe des ponts de 150 et 200 mètres de longueur: au sud de la Chine, il y en a même un de 460 mètres et supporté par 250 piles. Construits sur le même modèle, de nombreux viaducs relient des montagnes ou permettent de franchir de larges ravins. Lorsque la nature du sol ou la force du courant sont peu favorables à la durée de constructions en pierre, on établit des ponts suspendus qui sont de véritables œuvres d'art.

S'agit-il au contraire de cours d'eau de moindre importance, d'un bras de rivière, ou bien la distance existant entre deux grands ponts est-elle trop grande pour la commodité des habitants : on a simplement recours soit à des ponts de bateaux, soit à des *ponts volants*. Sur chaque rive, deux piles en maçonnerie permettent de sceller de forts anneaux en fer. L'une des deux piles est beaucoup plus basse que l'autre et correspond à la plus haute du côté opposé. Les anneaux retiennent un gros bambou reliant les deux rives, et cela deux fois puisqu'il y a quatre anneaux. L'inclinaison des deux bambous existe donc en sens opposé. Cette inclinaison est assez forte pour qu'un poids déterminé glisse seul tout au long de cette voie aérienne. Une grande corbeille ou sorte de nacelle pouvant contenir deux personnes au plus est suspendue par un anneau à chacun des bambous. Une forte corde, équivalant au double de la largeur du cours d'eau, est attachée à la nacelle; son autre extrémité se trouve fixée à la maçonnerie. L'usage de ce *pont volant* est des plus pratiques : le passager monte par quelques degrés en pierre ou en bois jusqu'au panier d'osier qui, au repos, doit être près de la pile la plus élevée. Aussitôt, par une simple impulsion, la nacelle court le long du bambou et le voyageur se trouve en quelques secondes transporté sur l'autre rive. Quand il est descendu, le gardien tire à lui la nacelle au moyen de la corde, et le véhicule revient au lieu de départ.

Un gardien sur chaque rive est donc nécessaire. Mais comme leur tâche est facile, comme elle n'a rien de pénible, on peut confier ces fonctions à des hommes âgés ou infirmes.

Presque tous les ponts chinois sont pourvus à chaque extrémité d'un kiosque en bois construit sur le côté afin de ne gêner en rien la circulation. Si le pont a des gardiens, c'est là qu'ils se tiennent. Les passagers s'y reposent quelques instants, attendent le retour de la nacelle des ponts volants ou le passage du bateau lorsqu'ils doivent parcourir le fleuve dans sa longueur.

Le *haquet*, la *brouette*, ces petits véhicules si utiles, que nous devons à Pascal, existent en

Chine depuis des siècles; ils sont particulièrement en usage dans le Pétchely.

Le gaz d'éclairage est connu des Chinois depuis
la plus haute antiquité. Dans quelques provinces
il existe à l'état natif, par nappes souterraines généralement peu profondes. On dit alors qu'il y a
des *puits de feu, Ho-tsin.* Dans ces contrées on
utilise le gaz au moyen de petites canalisations
très ingénieuses: des bambous de petit diamètre
sont introduits jusque dans la nappe; le gaz se
dégage par l'orifice opposé, soit au ras de terre,
soit à la hauteur désirée. Il est alors le seul com-
bustible employé pour l'éclairage, le chauffage,
la cuisson des aliments.

Cependant l'industrie chinoise ayant su mettre
à profit les productions végétales si variées en ce
fertile pays, les modes d'éclairage sont très nombreux.

Parmi les arbres et plantes vulgairement uti-
lisés notons d'abord *l'arbre à suif;* ses graines
donnent une sorte de pâte avec laquelle on fait
des chandelles. On en fait aussi avec un produit
du Croton sebiferum et avec les graines du Stil-
lingie ou *pé moü.*

Le Cirier ou, de son nom savant, *Rhus succe-
danum,* ne fournit pas directement la cire; mais

on élève sur ses branches un insecte ailé qui fait une cire blanche très belle. Les bougies obtenues par ce produit ne sont pas toujours peintes, tandis que les chandelles communes sont toutes livrées au public sous une teinte rouge, rose, verte, bleue... qui dissimule l'infériorité de la matière première.

On élève sur le vernis de Chine et le vernis du Japon un insecte qui produit de la cire tout comme celui nourri sur le Cirier.

L'*Elæoccoca vernicifera*, *tông-tsè-chou*, mûrit une sorte de noix dont on retire une huile aussi précieuse pour l'éclairage que pour la peinture des maisons et même des jonques chinoises.

L'éclairage à l'huile exige des mèches; le *scirpe capsularia* fournit ces mèches; d'ailleurs on en fait en coton et en amiante.

Le Sésame d'Orient ou *tchè-mâ*, céréale précieuse entre toutes, donne non seulement une huile comestible très recherchée, mais encore une farine dont les pauvres font de très bons gâteaux. En outre, ses tiges servent à faire des torches grossières, ou peuvent s'utiliser pour le chauffage; leur cendre est employée au lieu de potasse pour débarrasser les cocons de leur partie graisseuse lorsqu'on en extrait la soie.

L'élevage des vers à soie remonte au règne de l'empereur Houâng-ty (2697 av. J.-C.). Il fut découvert par l'impératrice Loûy-tsè, qui dota ainsi la Chine de sa plus riche industrie. Les vers à soie ne s'élèvent pas comme on le croit en Europe sur les seules feuilles de mûrier. C'est bien, il est vrai, sur le mûrier à papier que l'on fit les premiers essais ; c'est bien sur lui encore que l'élevage se pratique dans les contrées où cet arbre abonde; mais il existe en Chine deux autres espèces de vers : l'une vit sur l'Ailante du Japon ou Vernis de Chine, l'autre sur le chêne. La première espèce fut envoyée en France par M. Guérin Meneville; mais elle n'aura d'utilité que si l'Ailante du Japon est propagé. Quant au ver vivant sur le chêne, il porte en son pays le nom de *tsin-kang-tsan ;* en France, il a reçu le nom même du savant qui l'y a importé : *Bombix Pernyi.*

Les rares personnes qui ont tenté en Europe l'élevage de ce lépidoptère n'ont qu'à se louer de leur entreprise et l'on peut s'étonner qu'en France où le chêne est si commun de nombreux essais n'aient pas eu lieu.

La fabrication de la soie est une industrie des plus lucratives. Dans le transit franco-chinois, elle produit à elle seule les *trois quarts* du total des exportations. En 1883, le chiffre des achats faits par la France s'est élevé à 95.222.061 francs.

Pendant cette même année, l'importation de la porcelaine de Chine en France, n'a été que de 617.566 francs.

On n'ignore pas d'ailleurs que bon nombre d'objets en porcelaine, vendus en France comme provenant de Chine ou du Japon, se fabriquent près de Limoges, d'où ils sont expédiés à Marseille. Ils sortent du port, puis y reviennent, entrant ainsi en France avec l'estampille de la douane.

On a écrit sur la porcelaine de Chine des ouvrages nombreux et tout spéciaux. Nous ne croyons donc pas devoir donner de longs détails sur ce remarquable produit de l'industrie chinoise. Cependant nous devons en dire quelques mots.

Tout d'abord signalons la porcelaine à dessins apparents par transparence, *tsin-kià-tsè*, dont nous ne pouvons indiquer la composition. Cette porcelaine est blanche, fine, brillante ; si elle retient un liquide, ce liquide semble chargé de peintures et cependant il n'en existe point sur le vase. On a brisé plusieurs tasses de cette espèce, mais l'examen de ces débris n'a pas donné de résultats sérieux. On suppose que ce curieux effet d'optique est obtenu par une sorte d'huile végétale, dont on enduit l'objet avant sa cuisson.

Le centre principal de la fabrication de la porcelaine est Kin-tè-tchèn, relevant de la ville de premier ordre Jào-tchèou-foù, dans la province du Kiàng-sy. C'est dans cette province méridionale que se trouve l'usine impériale.

La plus ancienne porcelaine est à pâte dure, noirâtre ou rouge brun et lustrée. L'argile est dissimulée par un vernis opaque ou demi-opaque, dont la couleur varie du gris rougeâtre au vert de mer qu'on nomme *céladon*. Il y a du céladon uni, du craquelé et du fleuri à fleurs ou ornements en relief.

Dès avant le xvᵉ siècle les Chinois ont employé comme couverte de leur porcelaine un vernis jaune brun, vernis d'or ou feuille morte. Ce n'est qu'un peu plus tard qu'ils ont produit un vernis bleu, puis un vernis blanc décoré de cobalt. Ils ont su, dès le début de leur fabrication, varier la profondeur du craquelé, soit en exposant la porcelaine chaude à un froid plus ou moins intense, soit par l'arrêt subit d'une chauffe artificielle. De sorte qu'ils remplissent les fentes soit avec du noir et du rouge en pâte, soit avec un liquide chargé de matières colorantes.

La couleur dominante des porcelaines de Chine a varié sous les différentes dynasties parce que chaque dynastie adopta une couleur royale. C'est ainsi que la porcelaine à teinte verte fut innovée à l'avènement des Ming (1368). Les larges feuilles que l'on remarque sur cette porcelaine et qui s'étendent en ombelle sur l'eau, sont des feuilles de *nélumbo*, plante des bouddhistes.

Le vernis rouge et rose, comme les émaux de cette nuance, datent de la fin du XVᵉ et du commencement du XVIᵉ siècle. Il se retrouve surtout sur les coupes des *grands lettrés*.

Le *boccaro* est une poterie épaisse, une sorte de grès ou terre jaune qui se trouve dans le Kiang-nan. Le boccaro, avec ou sans ornements, est parfois d'un grand prix. On fait en ce genre des services de table, c'est-à-dire des soucoupes servant d'assiettes, des tasses à vin et à thé, des coupes et de grands plats. On fait aussi, avec cette terre jaune revêtue de vernis brillants et de dessins en relief, mille objets d'utilité et d'agrément, comme par exemple les personnages ou *magots* qui sont si répandus ; des oiseaux, des arbres, des bœufs. La plupart de ces objets ont une cavité,

un trou vertical, dans lequel on fixe les *hiang* ou
bâtons odorants que l'on brûle devant la tablette
des ancêtres sur l'autel domestique, et en l'honneur des génies ou des divinités que l'on a coutume d'invoquer.

Il n'est pas étonnant que dans une contrée où
l'on fabrique des poteries de tous genres et en
grande abondance, la porcelaine soit appropriée
aux usages les plus divers. Elle entre, en Chine,
jusque dans la construction des édifices, des murs
d'enceinte et des maisons particulières. Les toi-
tures sont en tuiles vernissées du plus riant aspect ;
elles sont généralement surmontées de gracieux
clochetons et les angles des corniches retiennent
toujours quelque ornement en porcelaine. Des
briques creuses, peintes et vernies, à formes
géométriques, s'emploient pour les balustrades,
balcons, garde-fous. On fait aussi des panneaux
en porcelaine, panneaux plus ou moins riches de
coloris, qui s'encastrent dans les murailles, soit
à l'extérieur, soit à l'intérieur des habitations. On
en fabrique d'autres, d'une pâte plus fine, qui re-
vêtent des meubles.

Il existe, dans quelques jardins appartenant à
de riches familles, des vases à fleurs de grandes
dimensions et d'une valeur inappréciable. Le

temps semble n'avoir point d'action destructive sur ces porcelaines.

Disons enfin que l'on fait avec la pâte dite *biscuit* un grand nombre de charmants objets dont la couverte est généralement bleu-turquoise ou violet-pensée. Quant aux pipes à opium, elles sont en pâte blanche émaillée de beaux dessins.

Les nattes en jonc produisent au commerce chinois, dans ses rapports avec le commerce français, de 6 à 8 millions par an.

De l'industrie proprement dite, passons-nous à la culture? Quelle richesse dans la flore et dans la faune de cette immense contrée où tout Chinois peut vivre, où chacun a son berceau et sa tombe! Quelle fécondité dans ce sol! Quelle merveilleuse variété dans ses productions!

Parmi les plantes utiles, notons d'abord le thé. Il constitue le breuvage ordinaire de tous les Chinois. Ses variétés sont très nombreuses; on en compte 26 principales. Les unes sont rafraîchissantes, les autres excitent le système nerveux. Séché au feu et à l'air, déroulé à la main, séché à nouveau et par trois fois, puis tassé par le piétinement dans des sacs, le thé emprunte un complément de parfum à certaines fleurs qui lui sont associées pendant la dessiccation. Les fleurs préférées sont celles du jasmin. L'importation du thé en France s'élève généralement à dix ou douze millions de francs.

Le cacao donne lieu à des manipulations très différentes de celles qu'exige le thé. Son amande doit demeurer enfouie un certain temps dans des tranchées où elle fermente. Le degré de fermentation importe beaucoup à la qualité du cacao.

La culture du riz est la plus répandue en Chine grâce aux moyens que possèdent les Chinois de conduire l'eau à peu près partout où ils veulent. Les rizières abondent et donnent un revenu d'environ 12 à 14 0/0.

Le riz se plaît dans l'eau. Lorsque la contrée est traversée par un fleuve ou une rivière on établit à certaines distances l'une de l'autre des roues hydrauliques en tout semblables à celles qui étaient en usage chez les Romains. Ces roues sont composées de deux grands cercles en fort bambou reliés l'un à l'autre soit par des planches pourvues de vases en terre, soit par des bambous très gros dont les nœuds ont été percés. Le courant seul fait tourner ces roues ; chaque vase ou bambou en plongeant se remplit d'eau, puis remonte et se vide dans un large entonnoir adapté à l'embranchement de plusieurs canaux en bois ou en bambou, qui mènent l'eau à des distances souvent considérables.

Les Chinois veillent avec un soin d'autant plus grand à l'immersion constante et sans cesse renouvelée des rizières que celles-ci sont empoissonnées. C'est encore leur esprit pratique qui se révèle en cela. La pêche se fait dans tout l'empire au moment propice; il n'est pas besoin de la défendre lorsqu'elle compromettrait la reproduction.

Intéressés au bien commun, les Chinois ont assez de jugement pour ne point pêcher en temps inopportun. On fait dans les rizières une sorte de chasse très curieuse, la chasse au canard sauvage.

Cet animal a un goût prononcé pour la citrouille; les Chinois connaissent cette prédilection et procèdent de la manière suivante. Un homme entre dans la rizière, dissimulant sa présence en s'enfonçant dans l'eau de telle sorte que sa tête seule émerge entre les tiges de riz. Il se coiffe alors d'une belle citrouille rouge creusée et pourvue de trous qui permettent de voir et de respirer. Le canard sauvage a l'œil perçant. Dès qu'il aperçoit la citrouille, il se précipite sur elle; pendant qu'il cherche à la becqueter, le Chinois le saisit et, sous l'eau, lui tord le cou, puis attend avec patience une seconde victime.

Cette même chasse se pratique sur le bord des rivières ou dans les marais au milieu des joncs. Les joncs croissent dans les terrains humides ; il en existe en Chine une grande variété ; depuis les plus minces jusqu'aux plus gros, tous s'y rencontrent.

Quant au bambou, on en compte environ trente espèces. Ses usages sont innombrables. Il s'emploie dans la construction des maisons, des ponts ; pour la fabrication des palanquins, des meubles de toute sorte, pour la canalisation de l'eau et du gaz.. Sa force de résistance, sa légèreté, le vernis naturel qui le couvre et le rend incorruptible donnent au bambou une valeur inappréciable et presque toutes les industries savent l'utiliser. Dans les constructions importantes et dans toutes celles qui sont établies sur pilotis, on adjoint au bambou le bois de cédrel (*Cedrela odorata*), qui ne se désorganise pas dans l'eau. Le cédrel atteint une hauteur prodigieuse : on en rencontre ayant 40 mètres de haut et dont la circonférence, mieux proportionnée que celle de l'eucalyptus, rend ses applications plus nombreuses.

Parmi les arbres les plus utiles, marquons encore l'*Y-tsong* ou *Ravenala*. Ses larges feuilles retiennent un suc, auquel il doit son surnom *d'arbre des voyageurs*. Il suffit en effet de percer les feuilles près de leur point d'attache, pour obtenir une sorte d'eau rafraîchissante. Ces mêmes feuilles servent à couvrir le toit du pauvre; en outre, de l'enveloppe des graines de l'y-tsong, on extrait une huile comestible.

La canne à sucre croît en abondance dans le midi de la Chine; mais on fait aussi du sucre avec du maïs; ce sucre n'est pas à beaucoup près semblable à celui de la canne, il est même d'une qualité assez inférieure bien qu'il soit agréable au goût. On le vend en pâte et à très bas prix. Quant au sorgho, autre céréale très abondante, on en tire l'arack que nous verrons figurer dans les repas sous le nom de vin.

Les champs sont en général fumés par le *moû sioû tsâo*, ou *fumeterre*, bon engrais qui croît en abondance en Chine.

Les plantes d'agrément sont tout aussi variées que les végétaux utiles. Les jardins sont ornés de fleurs aussi remarquables par leur forme que par leur coloris. Il en est qui se montrent même sous la neige; telle est la fleur du *La*

Mey, sorte de prunier. Un poète chinois a nommé cette fleur la neige odorante.

La reine-marguerite dont nous pouvons apprécier la beauté, puisque cette fleur est acclimatée en France, présente en Chine un aspect bien autrement remarquable qu'en Europe. On en compte plus de 160 variétés parmi lesquelles il faut citer la *jaune* (50 variétés) et la bleue. On peut dire qu'il y a des marguerites pour chaque saison de l'année. L'*hortensia*, qui devient un bel arbrisseau ; l'*hibiscus mutabilis* (acclimaté en Algérie) dont les fleurs changent trois fois de couleur, blanches d'abord, puis roses et enfin violettes ; les pivoines, les renoncules, les roses constituent la parure ordinaire des jardins. Ces fleurs sont en Chine si variées, si belles, que les mêmes espèces écloses en Europe ne peuvent en donner qu'une très imparfaite idée. Ainsi, la pivoine a environ 140 variétés de coloris, la renoncule 189. Quant aux roses, les espèces en sont tellement nombreuses qu'il n'est guère possible de les compter. La rose *verte* y est très belle ; on la nomme *yue-Ky-hoà*.

Le règne animal n'est pas moins riche que le règne végétal ; il présente parfois des étrangetés si grandes qu'elles s'accréditent difficilement auprès des Européens, qui ne les ont pas *vues :* sur quelque point ne sommes-nous pas tous incrédules? Au reste, en ceci l'incrédulité n'est pas un défaut ; car plus d'un voyageur a. de bonne foi, exposé des faits inexacts.

Les singularités que nous avons pu indiquer, celles dont nous dirons quelques mots ont été constatées soit par des sinologues soit par nous-même.

Nous avons indiqué le *ver-plante* qui s'enfonce en terre, change de règne et pousse des feuilles. La poule dorée, *tou cheou ky* ou *poule qui vomit la soie*, n'est pas moins curieuse. On la trouve particulièrement dans la province du Su-tchuen. Trois ou quatre fois par jour, cette poule fait entendre une sorte de gloussement plaintif, puis elle demeure immobile, la tête basse, et des flocons de soie jaune ou du moins d'une matière qui a tout l'aspect de la soie sortent de son bec pendant que deux petites aspérités apparaissent sur sa tête. Puis, lentement, par une évolution contraire, ces flocons rentrent dans le bec et disparaissent en même temps que les deux aspérités. Le R. P. Perny a tenté de rapporter en France un couple de ces poules, mais elles ont péri sur le fleuve Bleu.

Les chiens comestibles sont de quatre espèces.

La variété à poils rouges est préférée à cause des propriétés stimulantes de sa chair.

Les petits chiens de luxe ont des yeux si vifs, si parlants, qu'on demeure surpris devant leur regard. La tête de ces chiens est fine ; ils sont jolis, mais non à la manière de leurs congénères d'Europe. Leur front est proéminent.

Ils attirent l'attention tout ensemble par leurs yeux pleins d'intelligence, un nez trop court, une langue, trop longue, un peu *frisée*, qui pend sur le côté non sans donner un caractère mutin à leur physionomie. Ces chiens nous paraissent l'emporter sous tous les rapports sur les espèces dites *de salon*, trop communes en Europe ; leur acclimatation ne rencontrerait pas de difficulté, puisqu'ils vivent à Pékin, c'est-à-dire dans le nord.

On dresse à la pêche le Castor et le Cormoran. Les Chinois s'entendent merveilleusement à propager le poisson. A lui seul, le fleuve Bleu est plus poissonneux que les fleuves de l'Europe entière. Les tortues d'eau douce sont très communes dans les cours d'eau de Chine et constituent une grande ressource pour les pauvres. Les rizières abondent en anguilles.

Dans les forêts et les bois, on trouve en grande quantité des faisans d'espèces variées dont plusieurs sont inconnues en Europe. Aussi n'ont-ils pas la même valeur qu'en France ; ils paraissent sur d'autres tables que celles des familles riches.

Nous pourrions poursuivre l'énumération des produits de la Chine ; mais ce serait une nomenclature sans intérêt. Il suffit d'indiquer les principaux et d'ajouter que l'on trouverait dans le règne végétal, dans le règne animal, peu de types qui n'existassent pas en Chine. Cependant l'*olivier* n'a pu encore y être acclimaté d'une façon pratique ; il ne s'y trouve encore que comme arbre d'ornement.

Il nous reste à indiquer quelques produits et certaines préparations culinaires assez curieuses, dénotant des goûts qui peuvent à bon droit sembler étranges.

LA VIE PUBLIQUE

CHAPITRE XV

RELATIONS DE SOCIÉTÉ — URBANITÉ — REPAS

Il n'est, de par le monde, aucune société plus formaliste que la société chinoise, aucune qui sacrifie davantage au *décorum*.

Les sentiments les plus vrais, ceux qui semblent par leur nature ne devoir rien emprunter à la fiction, tant ils sont beaux par eux-mêmes, n'apparaissent que sous des dehors calculés, déterminés, régis par des règles fixes et qui paraissent un déguisement de la pensée. Aussi est-il très difficile de discerner la bienveillance sincère de la courtoisie banale et vide d'amitié. Notons cependant qu'il faut excepter de cette règle l'accueil que l'on reçoit lorsqu'une circonstance engage un hôte à faire des *yeux blancs*, c'est-à-dire mauvais visage à son visiteur: le seul fait de *négliger certaines formalités* dans la réception implique une animosité certaine.

Faire les yeux noirs, c'est au contraire témoigner par un empressement inusité un grand désir d'honorer la personne que l'on reçoit, et de lui être agréable.

Il est très remarquable que les Chinois aient emprunté comme les Romains aux deux couleurs blanche et noire un rapport avec les sentiments que l'on peut éprouver envers quelqu'un. Seulement, tandis qu'Horace prenait *le noir* comme type de ce qui est mauvais, méchant, cruel, les Chinois le considèrent généralement comme le symbole du bien. Ainsi le mot d'Horace « mordre à dents blanches » marque dans la critique la même nuance qui est indiquée au sujet d'une réception chinoise par ces termes « faire les yeux noirs ».

De la part des Chinois la signification attribuée aux deux couleurs est très logique. Le blanc est le signe du deuil, le symbole de la tristesse; on dit, *une maison blanche*, pour : la maison d'un pauvre. Le noir est au contraire le ton général et naturel en Chine de tout ce qui a couleur dans l'homme et les animaux: les yeux, les cheveux, la barbe, le poil; il dénote la force et le contentement.

De la part d'Horace, la comparaison répond à un tout autre ordre d'idées: Pour les races latines le blanc, symbole de pureté, représente ce qui est le plus éloigné du mal. Ainsi, nous disons d'un méchant qu'il a « l'âme noire », c'est-à-dire « comme souillée par de mauvaises pensées ». Nous disons au contraire d'une âme pure qu'elle est *candide*, c'est-à-dire d'un blanc éclatant, radieuse, sereine, bienveillante.

Un même point de comparaison peut donc changer de valeur et, de la part des Chinois, ces appréciations opposées aux nôtres n'ont rien qui doive étonner, leur imagination et leurs goûts différant de ceux des Européens. Mais c'est précisément cette dissemblance qui rend plus curieuses les similitudes multiples existant entre quelques-unes de leurs institutions ou de leurs coutumes et celles des anciens Romains. Ces similitudes sont exactes, entières à leur origine ; on voit, on *touche*, en quelque sorte, le point de contact. Puis, brusquement, l'application vient parfois transformer les deux idées et les opposer l'une à l'autre.

Ainsi, nous voyons les Chinois apporter dans leur relations sociales un rigorisme très voisin de celui que les anciens Romains avaient adopté pour leur procédure, au temps où elle était *for-*

mulaire. Dans les relations, il ne s'agit plus sans doute de *nullité d'un acte* résultant d'une modification apportée à une formule, à des rites fixés d'avance ; il s'agit de la négation de la politesse même.

Et, chose curieuse, les membres les plus infimes de la société ont entre eux une manière de courtoisie dont le caractère principal est le respect dû à la vieillesse. Entre les porteurs de palanquin, par exemple, la place la moins pénible est, comme de droit, donnée à l'homme le plus âgé. Dans les disputes qui dégénèrent en rixes moins fréquemment qu'en Europe, les interpellations qui s'échangent n'ont pas le caractère grossier qu'elles affectent chez nos ouvriers. La colère n'est pas moindre, mais elle se manifeste plus honnêtement. « Je te ferai manger du piment » ; — « je ramasserai tes effets » ; — « je veux que tu sentes ma vengeance » ! Telles sont les menaces les plus communes et qui s'exécutent rarement.

Mais regardons plus haut. Le trait dominant de l'urbanité chinoise consiste, nous l'avons remarqué à propos des demandes en mariage, dans l'affectation à se déprécier soi-même et à louanger son interlocuteur. On est *petit, humble;* ce que l'on possède est *modeste, pauvre, misérable, vil*. Au contraire, le supérieur à qui l'on parle est un *grand homme*, un respectable, un *vénérable vieillard ;* son nom est *illustre*, sa profession *brillante*.

Il existe presque autant de dénominations spéciales et honorifiques que de fonctions et de rôles dans la société. Cependant il faut noter que, toujours en conséquence de la différence d'imagination indiquée plus haut, les formules de politesse ne correspondent pas à l'idée que nous avons des louanges bienséantes. Ainsi, on parle à une dame âgée en lui donnant tout d'abord le titre de *vieille nourrice, lay* 奶, ou de *vieille mère, pô pó* 婆婆 Elle-même réplique en se nommant *vieux corps*.

Une jeune demoiselle est une *indulgente jeune fille (Koü niáng)*.

Le même mot, *laô*, 老, appliqué à soi-même, prend une signification très différente de celle qui lui est attribuée, lorsqu'il s'adresse à un tiers; *ngo lao fou* équivaut à « moi, *vieux* maître »; *ngy lao fou* signifie : « toi, *vénérable* maître. »

Lorsqu'on parle à plusieurs personnes portant le même nom et le même caractère du cycle de famille, — par exemple à des frères, — on les désigne par leur nom et en même temps par

18

leur numéro d'ordre selon leur âge. Ainsi on dira : « M. Kong *le second*; M. Kong le quatrième. » Le titre honorifique, quel qu'il soit, se place après le nom : *Kong san yé*, littéralement : *Kong troisième monsieur*; ou bien, *kong lao yé*, Kong monseigneur ; ou *Kong tà jên*, Kong excellence...

Les Chinois, lorsqu'ils se rencontrent, ne se découvrent point ; ils ne le font pas, même en visite, à moins que ce ne soit par une forte chaleur et si leur hôte les invite à retirer leur *bonnet*. Le fait de se découvrir n'est donc pas une politesse envers quelqu'un, mais au contraire une convenance personnelle.

Dans la rue, deux Chinois d'égale condition, se rencontrant, se font un léger signe de tête tout amical et disent, tout en continuant leur chemin : *Ayez toutes les félicités, kong hy*; ou bien : *Fà tsdy, soyez riche*; ou bien encore : *Mangez-vous du riz?* Ce qui revient à demander : Vous portez-vous bien? car l'appétit est partout un signe de santé.

Un inférieur passant à côté de son supérieur, ou bien une personne voulant témoigner son estime à une autre qu'elle rencontre, ferme les mains et, les appuyant l'une contre l'autre à la hauteur de la poitrine, les agite légèrement l'une contre l'autre ainsi que la tête. Lorsqu'à cette démonstration on ajoute les deux mots *tsin tsin, veuillez avancer,* on marque un degré de déférence plus grand. Cela s'appelle faire le *tso y.* Ce même salut est fait par un hôte à son visiteur. L'expression *tsin tsin* signifie alors : Veuillez entrer. Enfin un respect plus grand s'exprime par le *tso y* un peu modifié : les poings fermés et joints sont élevés jusqu'au front, puis abaissés jusqu'à leur hauteur normale. C'est là le *salut par mouvement* ou *tà tsièn, frapper un mouvement.* Le verbe *tà* est ici comme auxiliaire indiquant simplement l'action, rôle de certaines prépositions ou adverbes en latin. C'est ainsi que l'on dit frapper *de l'eau* pour : puiser de l'eau ; et *frapper un éternûment,* pour : éternuer.

Supposons qu'un Chinois en visite un autre : il doit se faire précéder d'un domestique qui annonce sa venue et demande si l'on veut bien le recevoir ; la réponse se fait verbalement.

Il est plus respectueux d'envoyer sa carte quelques heures avant de se présenter. Cette carte est un morceau de papier rouge — ou blanc si l'on est en deuil — replié en trois et formant ainsi trois feuillets. Sur l'un on écrit son nom, sur les autres on exprime le désir de présenter ses devoirs à telle personne. Plus haute est la dignité de cette personne, plus petits doivent être les caractères de l'écriture. La réponse est verbale : « on recevra avec plaisir »; ou bien « on est absent ; et dans ce cas la carte est rendue au domestique.

Ce n'est pas seulement sa carte qu'il faut envoyer, mais encore quelques présents utiles ou agréables choisis par le visiteur ou, mieux encore, par l'hôte lui-même auquel on adresse une liste d'objets, pour qu'il note en marge ceux qu'il désire.

Il est bienséant de n'accepter qu'une partie des présents offerts, deux ou trois par exemple sur quatre ou cinq. On renvoie les autres en écrivant sur un papier : « Je n'oserais. »

Les objets de l'industrie européenne sont reçus avec plaisir. Il nous souvient d'un *lapin jouant du tambour* offert à un vice-roi et qui produisit grand effet.

Ces préliminaires terminés, le Chinois se présente chez la personne qu'il a prévenue, et qui vient l'attendre jusqu'à la porte en lui exprimant sa satisfaction de le recevoir. A peine entrés dans la maison, tous deux se saluent, puis le visiteur est conduit à la place d'honneur, place qui varie suivant la province ; elle est au nord ou au midi, ou quelquefois pour les grands dignitaires au milieu même du salon, sur un fauteuil plus élevé que les autres sièges. Généralement, la place d'honneur est près de l'autel domestique dont nous avons donné la description.

Avant de s'asseoir, l'hôte et le visiteur se font à nouveau un profond salut. La conversation débute par quelques paroles banales, puis un domestique apporte le thé ou, pour mieux dire, des tasses garnies de feuilles de thé sur lesquelles il verse de l'eau bouillante. Si la visite est de quelque durée, on apporte des fruits rafraîchissants ou des pâtisseries et des confitures, et encore du thé. Sur ce point, ces usages sont identiques à ceux qui existent en Turquie et en Afrique chez les musulmans. Mais en Chine on substitue le thé au café, qui n'y est point cultivé.

Il arrive ainsi que, faisant plusieurs visites, ou recevant plusieurs personnes en un jour, on absorbe parfois trente ou quarante tasses de l'un des deux breuvages. A la vérité, ces tasses sont petites, surtout en Chine, où elles sont, en outre, pourvues d'un couvercle.

La conversation suit son cours, le point le plus important est réservé pour la fin : c'est une manière de *post-scriptum* ajouté après coup : « On n'est pas venu pour cela ! » « On n'écrit pas pour ceci ! » Le contraire est vrai, chacun le sait, mais feint de l'ignorer.

On apporte aussi, pendant une visite, du tabac en cigares. Dans le cours ordinaire de l'existence, un cigare posé sur le fourneau d'une pipe dure deux heures.

Parfois, il arrive que l'hôte offre à son visiteur de fumer l'opium. Cette coutume est d'autant plus regrettable qu'elle contribue, par une sorte d'*entraînement*, à propager ce plaisir funeste. L'opium se fume étant couché sur un lit de repos, comme il s'en trouve dans la grande salle des maisons opulentes. Il est gardé dans une capsule d'argent ; on en prend avec une très petite cuiller et l'on pose ce grain sur le fourneau d'une pipe longue d'environ 0^{m}20. Vingt minutes suffisent généralement à produire l'engourdissement tant recherché et qui dure une heure ou deux.

La vente de l'opium a été jusqu'ici une ressource considérable pour l'Angleterre, qui aura à se reprocher l'affaiblissement intellectuel et peut-être même la ruine de ses clients. Depuis environ quinze ans, les Chinois cultivent cette variété de pavot et cesseront sous peu d'être, sur ce point, tributaires des Anglais.

Revenons au visiteur. Voici qu'il se lève et dit :

Kao pie, c'est-à-dire : « Je demande la permission de me séparer de vous », ou quelque autre phrase de même genre.

Mille politesses s'échangent après le salut réciproque ; hôte et visiteur rivalisent d'amabilité, le premier voulant reconduire le second et celui-ci s'efforçant de l'en empêcher. Les salutations se renouvellent sans cesse ; enfin, s'il entre quelque cérémonie dans les relations des deux Chinois, le visiteur est déjà remonté en palanquin que son hôte fait encore mine de s'élancer pour le reconduire plus loin. Ces politesses cérémonieuses gravement accomplies se réitèrent, non lorsqu'il s'agit d'une simple visite, mais à l'occasion d'un repas auquel on est convié.

Par trois fois, c'est-à-dire d'abord deux jours auparavant, puis le matin même et enfin quelques instants avant l'heure indiquée, l'invitation est transmise à l'invité. Les tables, disposées pour huit personnes, sont étroites et basses. Les sièges sont recouverts de fourrures.

Avant tout, on sert l'arack chaud, car jamais on ne boit froid — vin ou thé. — Le maître de maison occupe la dernière place de la table où il se trouve. Après avoir salué ses invités, il offre une petite tasse d'arack aux esprits du ciel et de la terre.

Ensuite, il invite le plus honoré des convives à boire ; un domestique verse de l'arack à tous.

Les mets les plus divers figurent sur une table chinoise. Ils sont présentés divisés en très petits morceaux rangés en pyramides. Quelquefois les pyramides, surtout celles de fruits, sont formées de plusieurs sortes de mets. Chacun des convives se sert après invitation pressante du maître de maison, et toujours avec les petits bâtonnets d'ivoire. On pince, avec ces bâtons, un morceau d'un côté, un morceau de l'autre... Comme le nombre de plats est toujours très grand, il suffit de prendre un peu de chacun pour avoir en somme très bien dîné. Le repas se termine par du bouillon.

La cuisine chinoise se fait très lestement avec fort peu d'ustensiles, et cependant le moindre dîner de cérémonie comporte 18 à 20 plats ; ce chiffre peut s'élever jusqu'à 200. Quels sont ces mets, ou, pour mieux dire, entre tous les aliments en usage, quels sont ceux qui méritent d'être signalés ?

Parmi les hors-d'œuvre, les *œufs pourris, py-tan,* ont droit à une mention spéciale. Il faut deux ou trois ans à un Européen pour supporter l'odeur de ce hors-d'œuvre indispensable à tout repas soigné. Après ce temps, non seulement il n'est plus incommodé par un parfum *sui generis*, mais encore il mange avec plaisir de ces œufs. A vrai dire le nom qu'on leur donne répond bien à l'*odeur*, mais non à la *chose*. On emploie pour préparer ce hors-d'œuvre des œufs de canard que l'on met en tas ; puis on les recouvre d'une épaisse couche de chaux et de cendres mêlées. Cette couche dégage une certaine chaleur et durcit comme un ciment. Après environ trente jours, on la brise : les œufs se trouvent odorants, verts et cuits durs. Coupés par filet, ils paraissent sur toutes les tables afin d'aiguiser l'appétit des Chinois.

On sert aussi des poissons ayant une odeur analogue, obtenue par une macération très longue dans de l'eau salée ; ils y demeurent jusqu'à parfaite décomposition et sont très estimés.

Les œufs salés et les piments n'ont rien qui soit particulier à la cuisine chinoise.

Entre tous les assaisonnements, notons-en un dont l'odeur nous paraît insupportable : c'est l'*assa fœtida, kou-ky*. Les propriétés calmantes de l'assa fœtida sont indiscutables, aussi les médecins européens la prescrivent-ils comme un précieux médicament. Mais de là à l'estimer comme condiment, il y a loin.

Les algues marines, l'*Ulve*, les tortues d'eau douce ou de mer, et l'*holothurie* — sorte de poisson sans arêtes — constituent des mets étranges. Les holothuries sont desséchées, puis s'expédient par tonnes dans tout l'empire.

A côté de ces aliments peu enviables, il s'en trouve un bon nombre que les Européens ne dédaigneraient certes pas. Les nids d'hirondelles de mer sont très recherchés ; mais le prix auquel se vend la qualité supérieure ne permet qu'à peu de personnes d'en offrir à leurs invités. Un plat de nids d'hirondelles assez copieux, pour huit à dix personnes, revient en Chine à environ 200 francs. On les sert dans des tasses, cuits à peu près comme nos vermicelles.

Les variétés de choux sont nombreuses; le *Pè-tsay* connu en France depuis 1837 sous le nom de « chou de Chine », acquiert un grand développement ; il pèse jusqu'à dix kilogrammes, bien qu'il pousse sans former de pomme. Nous pensons que l'on doit rapporter à ce chou le mécompte royal qui, en France, égaya un instant la Cour et le Roi lui-même. Louis-Philippe s'intéressait à la propagation du chou monstre et comme le monarque songeait à une bonne œuvre en même temps qu'à une œuvre utile, il fit acheter des graines de ce chou par les familiers des Tuileries, en même temps qu'il en fit semer dans le jardin royal. Mais ce chou, mauvais courtisan, n'ayant plus son climat favori, n'atteignit qu'à un développement très ordinaire. Le Roi, tout le premier, appela ces semences « des graines de niais ».

Il n'en est pas moins vrai que le chou de Chine constitue en son pays un légume précieux par son développement et son goût agréable.

Deux variétés de haricots susceptibles d'acclimatation en France sont remarquables : l'une par la longueur de ses gousses, l'autre par la singulière propriété qu'il a de donner par la cuisson *un lait susceptible d'être caillé ;* on le nomme pour cette raison le *haricot fromage.* Il est jaune, petit, rond, presque semblable à notre haricot riz.

La *chicorée endive,* trop peu cultivée en France, est un aliment très sain, très agréable, que les Chinois apprécient.

Le porc, le daim, les gazelles, les volatiles de toute sorte... paraissent sur les tables. Ajoutons que *les rats* y figurent avec succès, bien qu'ils servent particulièrement de nourriture aux pauvres. Ceux-ci ne peuvent se résigner à ne pas utiliser les rats qu'ils prennent ; de telle sorte que pendant le carême, les Chinois chrétiens font dessécher au soleil ou au feu ceux qu'ils se procurent.

La grande variété de fruits mûrissant en Chine est, sans contredit, ce que l'Europe doit le plus envier à cette riche contrée.

En outre des espèces que nous possédons aussi, on en trouve un grand nombre des plus appréciables. Il y a douze variétés de bananes, petites et grosses; ces dernières sont les moins fines et se mangent cuites sous la cendre comme en Égypte. Le Chérimolier et le Goyavier donnent en abondance des fruits exquis; les chérimolias ont la forme d'une grosse pomme vert sombre, qui renferme une véritable crème blanche assez douce; lorsqu'elles sont bien mûres, on les mange à la cuiller comme des œufs à la coque; les goyaves, pyriformes, mais plus petites, ont une écorce brune et donnent une des meilleures confitures.

La *Main de Bouddha*, ou citron digité, plus odorant que les citrons ordinaires, se confit comme le cédrat. Les fruits du manguier sont délicieux, soit crus, soit confits. Il en est de même d'une sorte de petite orange produite par le *plaqueminier*. On conserve ces petits fruits de la même manière que les figues.

Le *tamarin*, connu en Europe comme purgatif, est très acide, mais agréable. Son jus exprimé dans de l'eau sucrée produit une limonade précieuse en été; les gousses se confisent dans du sucre ou du miel. Quant au magnolier, si beau comme arbre et dont la fleur est si odorante, il contribue aussi au dessert des Chinois, qui font avec les pétales de la fleur des beignets fort agréables au goût.

Les inappréciables richesses que le règne végétal prodigue aux Chinois, permettent à la majorité de la population de se nourrir presque exclusivement de légumes et de fruits. Bien que le prix des viandes communes soit peu élevé, bon nombre de Chinois n'en mangent qu'une ou deux fois l'an, sans être affaiblis par ce régime. Les légumes, les algues marines et le riz cuit à la vapeur leur suffisent. Au reste, le poisson est accessible à tous, puisque la pêche est libre. Dans bien des familles, on ne boit de vin qu'en certaines circonstances solennelles : l'anniversaire du père ou de la mère, la naissance d'un enfant, le retour d'un membre de la famille expatrié ou exilé...

Le thé remplace avantageusement le vin, mais dans les repas ou festins le maître de maison ne

peut se dispenser de servir à ses invités de l'arack
fait avec du sorgho ou du riz visqueux, *lô my*, et
de leur en faire boire le plus possible.

Les tasses dans lesquelles on sert l'arack sont
à peu près de la contenance d'un verre à liqueur,
c'est-à-dire très petites; mais comme l'usage
veut que l'on boive au moins une tasse à chaque
plat nouveau, et comme le nombre de plats peut
s'élever jusqu'à deux cents, il arrive que les convives perdent parfois leur gravité. Aussi un repos, une sorte d'entr'acte, est-il accordé avant
le dessert. Les invités se lèvent de table, se
lavent le bout des doigts, se rincent la bouche et
passent dans la cour, dans le jardin, où une
troupe de comédiens joue une petite pièce sur une
scène préparée d'avance. Les dames assistent à la
représentation, mais cachées derrière des massifs
ou des grillages.

Le choix de la pièce est imposé au principal
convive qui, déclinant cet honneur, passe le programme au suivant, celui-ci auis èroime... Per
sonne ne voulant choisir, le comédien en désigne
une que tout le monde accepte.

Les petites pièces de théâtre ont presque toujours un sujet moral et dépeignent les réalités de
la vie plutôt que des situations invraisemblables

ou fausses. Parfois, elles sont la mise en action d'un proverbe.

Lorsque la représentation est terminée, la société revient dans la salle où le dessert est servi. Nous avons dit à propos des fêtes de mariage que toute personne invitée à la noce dépose dans une corbeille une petite somme destinée à défrayer la famille d'une partie des dépenses causées par la réception. On agit de même dans les diners où chaque convive apporte, enveloppées dans du papier rouge ou blanc, plusieurs sapèques qui sont remises au maître de maison pour contribuer au payement des comédiens, cuisiniers, musiciens. Cet usage paraît étrange aux Européens; il s'écarte beaucoup en effet de nos règles de bienséance. Il n'eût pas été mieux reçu à Rome où les repas étaient une aubaine pour bon nombre de convives, chacun apportant sa serviette et la remportant pleine de reliefs du festin.

Voici au contraire une coutume qui se rapproche d'un usage ancien disparaissant chaque jour en France : vers le milieu du repas les Chinois s'exercent à quelques jeux d'esprit, récitent des vers que souvent ils improvisent; ou, s'ils se trouvent entre amis, ils jouent au jeu de *mourre,* très connu dans le midi de la France et en Italie,

Les charades qui sont proposées dans les réunions en Chine exercent l'esprit à saisir la valeur exacte de termes ayant une prononciation absolument semblable. Dans la langue écrite aucune confusion n'est possible; on l'évite dans la langue orale par l'adjonction de quelques mots explétifs.

Dans les charades, on met au contraire l'intelligence aux prises avec les difficultés grammaticales de tout genre. Voici, par exemple, une phrase dont on demande le sens exact.

Tông-tsè ta tông-tsè, tông tsè lô, tông tsè lô. Remarquez que les expressions *tông tsè* et *lô* sont rigoureusement homophones, qu'elles comportent la même accentuation ; cependant elles diffèrent de sens. Cette phrase signifie: « Un enfant frappe (secoue) l'arbre (nommé) Eleoccoca ; le fruit de l'Eleoccoca tombe; l'enfant se réjouit. »

Une autre distraction consiste à faire deviner quel est le caractère qui renferme *tel ou tel signe.* Ainsi, on demande: Quel caractère renferme quatre fois le signe *croix* et une fois le signe *bouche?* On doit répondre: c'est le caractère *py* 皿 (cesser, finir, tous).

A la fin du repas les invités remercient leur hôte de sa *somptueuse réception ;* celui-ci réplique

que c'était *bien pauvre, bien mesquin !* Ils se saluent et se quittent.

Il est de bon ton pour les convives de remercier leur hôte dès le lendemain du dîner et par écrit.

Les dames ne paraissent point aux repas où sont admis des hommes étrangers à la proche parenté ; elles reçoivent leurs amies dans leurs appartements privés.

CONCLUSION

Arrêtons ici notre excursion dans l'Empire des Fleurs: heureux si nos lecteurs ont pu nous suivre sans fatigue et sans ennui.

. Quels sentiments peut inspirer le tableau qui s'est déroulé devant nous? De l'exposé sincère des institutions et des mœurs chinoises, quelles déductions apparaissent? Quels renseignements se dégagent, quelle conclusion s'impose?

En présence de cette société aussi ancienne que le monde; puissante; vigoureuse, malgré les épreuves qu'elle supporte, les luttes qu'elle soutient depuis tant de siècles; pleine de naiveté malgré sa vieillesse; seule de ses contemporaines vivant, agissant, menaçant le monde... en présence de ce colosse respecté par la tempête et qui se dresse au milieu des ruines de cent empires, l'homme se sent ému, troublé, anxieux. Il veut *savoir*, et, comme nos petits-enfants devant une merveille de la création, il demande: *Pourquoi, comment?*

Comment la société chinoise s'est-elle maintenue hors de la voie commune; *pourquoi* la Providence l'a-t-elle placée hors de cette voie? Pressé de répondre, en quels termes le ferions-nous?

Seule, la société chinoise est demeurée debout, tandis que d'autres empires se sont écroulés; seule, elle a vaincu le temps, parce que seule, elle a gardé le culte du passé, parce que seule, elle regarde l'homme comme un chaînon de cette longue chaîne humaine dont le premier anneau est au berceau du monde et le dernier entre les mains du *maître du Ciel.* Seule, elle a résisté aux tempêtes, parce que seule, elle a compris et mis en application cette grande pensée de Confucius : « Le peuple est un jonc, le roi est le vent ». Le jonc plie sous le vent que Dieu fait souffler ; il se courbe, car il obéit, il se redresse, car il n'est pas brisé.

Respect filial, soumission envers le principe d'autorité : tel est le secret de la force de la société chinoise.

Et maintenant pourquoi Dieu a-t-il permis que la société chinoise ait cette force ? pourquoi permet-il qu'elle la conserve ?

A cette question, Dieu seul peut répondre.

Et cette réponse divine, nous la trouvons dans ce livre admirable, aujourd'hui incompris des Chinois, dans l'*Y-Kin*, duquel se dégage un souffle prophétique ; dans l'Y-Kin, où se trouve en dépôt la Loi divine ; dans l'Y-Kin, où sont écrits les dogmes principaux de la religion chrétienne.

Toujours vibrant à travers les siècles, la voix de Dieu parvient jusqu'à nous. Cette voix, en un jour de clémence, dit à Israël : *parce que tu as reçu ma Loi, tu ne périras pas*. Et même après qu'Israël eut méconnu son Fils, même après qu'il eut répandu avec ivresse le sang de Jésus, Dieu s'est souvenu de sa promesse, et les Juifs, après s'être faits bourreaux du Christ, sont devenus ses témoins.

Si l'Éternel épargna Israël, parce qu'il avait reçu sa loi, n'a-t-il pu vouloir réserver aussi dans ce monde une destinée à part à un autre peuple dépositaire de la vérité ?

Ce *saint* que les Chinois souhaitaient, qu'ils espéraient comme l'herbe desséchée attend la rosée, et que cinquante-huit ans après sa naissance ils allèrent chercher jusque dans l'Inde, ce Saint, c'était le fils de Dieu. Cet *agneau* qui devait s'offrir en holocauste ; ce sauveur tout ensemble *Homme et Dieu,* qui devait mourir *pour que la doctrine de l'arbre de la Croix pénétrât partout,...* c'était le Christ, le Christ annoncé mille et mille ans avant sa venue par l'auteur de l'Y-Kin, comme par les prophètes d'Israël.

Se rapportant à une époque où les dogmes chrétiens apparaîtraient au monde dans toute leur splendeur, ces prédictions de l'Y-Kin devaient demeurer pendant un temps dans l'oubli. Elles devaient être cachées d'abord, pour frapper ensuite plus fortement les esprits le jour où elles seraient remises en lumière.

Dans le drame humain, quel rôle la Providence réserve-t-elle à la société chinoise?

Nul encore ne peut le dire avec certitude. Et cependant nous croyons la voir, dans un avenir prochain peut-être, s'emparant du flambeau de la Foi que nos bras débiles ne savent plus porter.

Entre les mains du colosse d'Orient, ce flambeau rayonnerait sur le monde et c'est alors qu'il serait vrai de dire : *La doctrine de la croix a pénétré partout !*

Est-ce une illusion, une chimère?... L'avenir le dira. Pour nous, si Dieu a préservé la société chinoise de l'oubli et de la ruine ; s'il l'a placée, s'il l'a maintenue hors de la voie commune, c'est parce que cette société, comme autrefois Israël, s'est trouvée dépositaire de la Loi divine. Et si, reportant nos regards sur l'Empire chinois, nous cherchons à découvrir ce qui lui manque pour dominer le monde, nous voyons qu'il lui faut trouver, en dehors de soi-même, un point d'appui qui lui permette d'utiliser ses forces ; il lui faut un rayon de foi qui le régénère.

Il trouvera l'un et l'autre en Dieu seul, *lorsque l'agneau aura parlé pour lui !...*

TABLE DES MATIÈRES

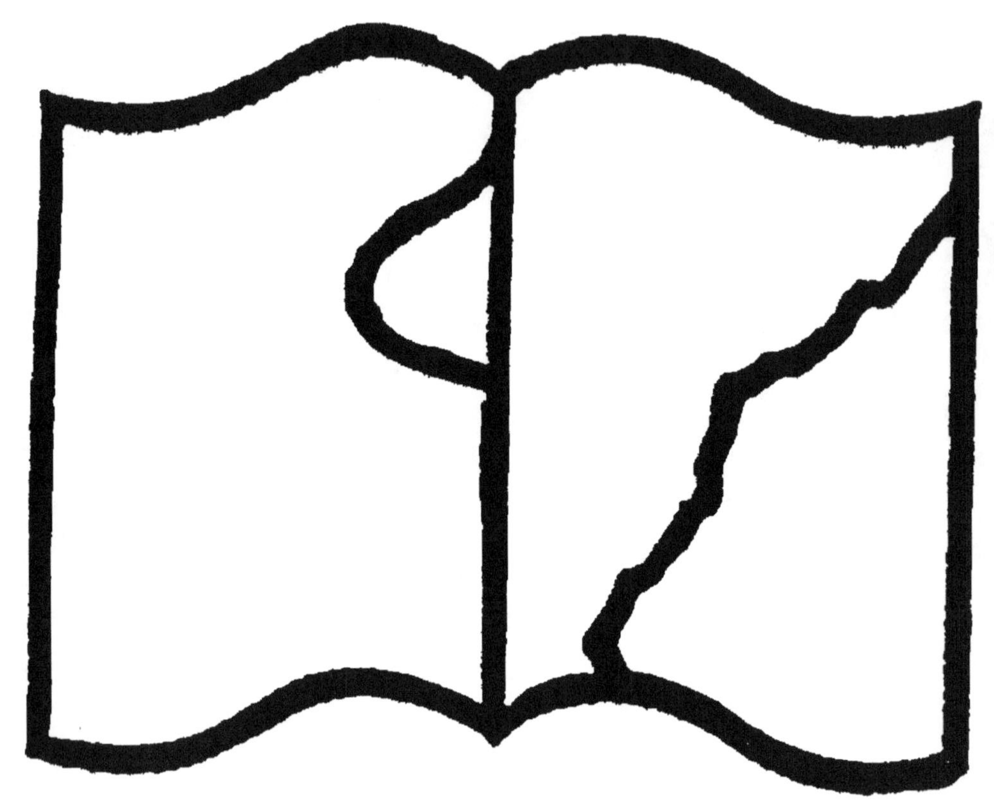

Texte détérioré — reliure défectueuse
NF Z 43-120-11

e Paul OLLENDORFF, 28 bis. rue de Richelieu. PARIS

COLLECTION IN-18 JÉSUS A 3 FR. 50 LE VOLUME

...a Soc. de Typ. NOIZETTE, 8 r. Campagne-Première. Paris

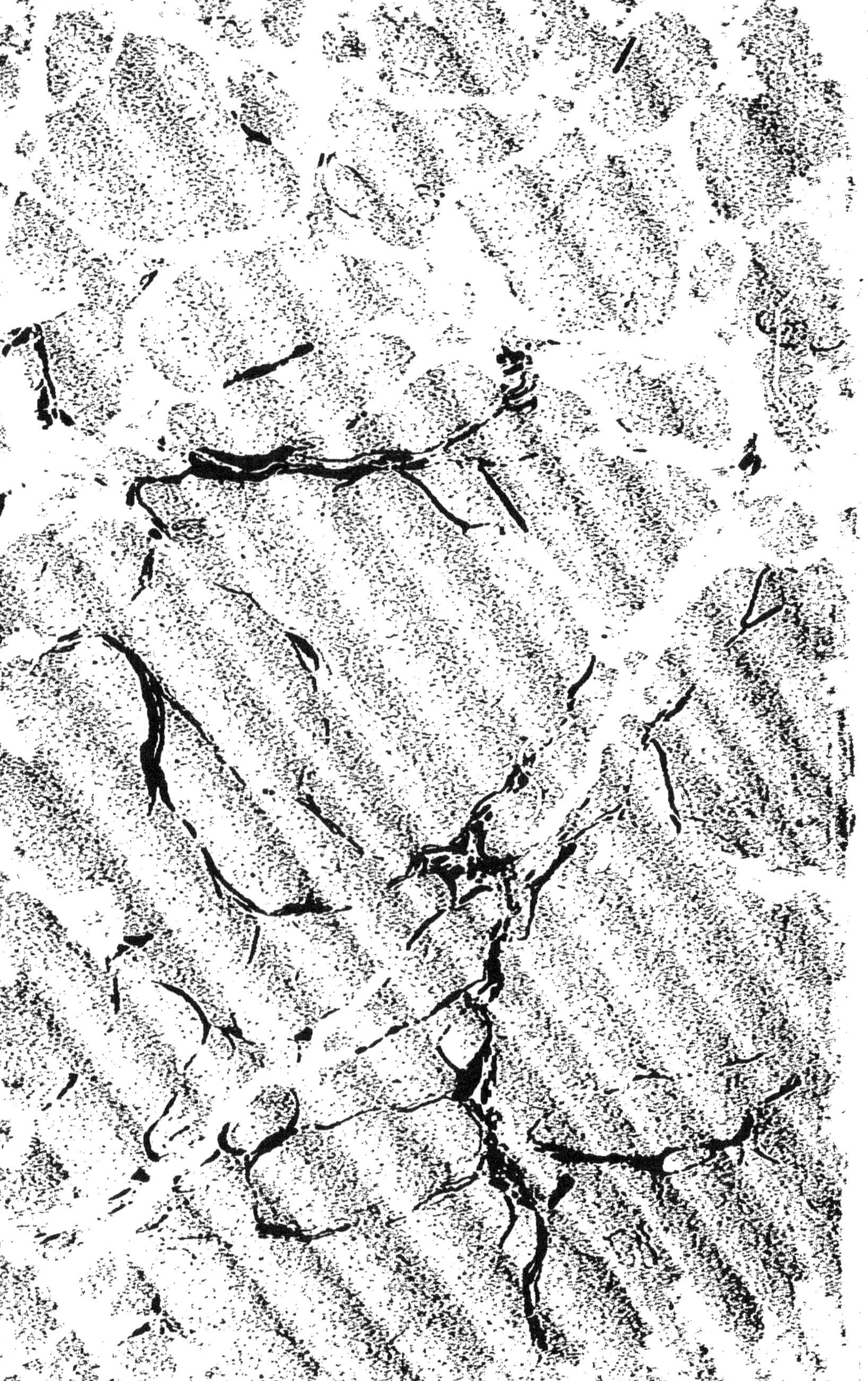

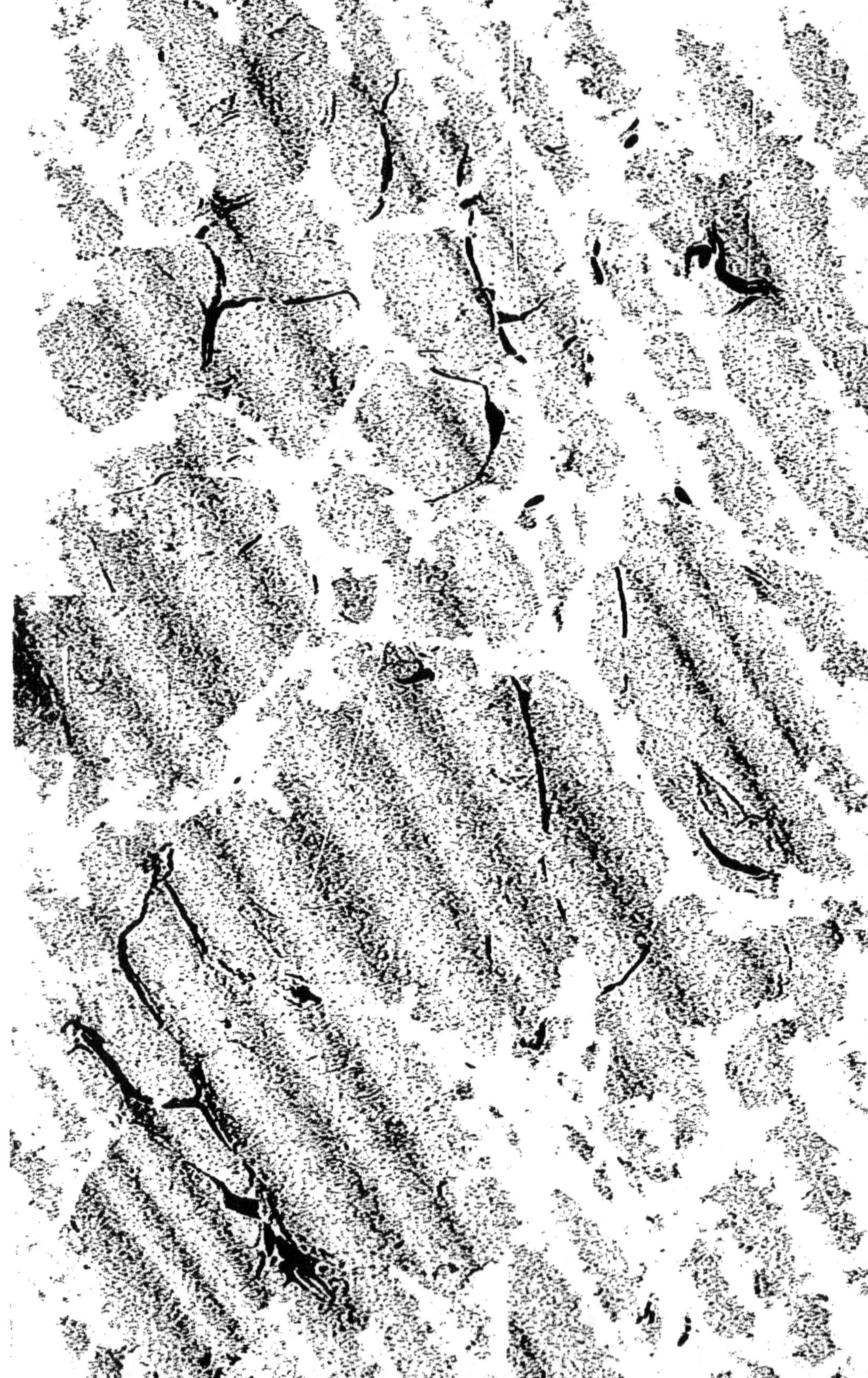